Kai Dietrich, Susanne Pohlmann
Michael Opoczynski, Martin Leutke (Hrsg.)

Wenn die Eltern alt werden

Campus Verlag
Frankfurt/New York

Immer aktuell

Über Gesetzesänderungen, die sich nach Redaktionsschluss ergeben haben, informieren wir Sie hier:

www.campus.de/wiso/eltern

Einfach den QR-Code scannen oder
auf unserer Website zum Buch nachschauen!

MIX
Papier aus verantwortungsvollen Quellen
FSC® C008492

ISBN 978-3-593-39237-0

Umschlaggestaltung: hauser lacour, frankfurt; melanie opad
Umschlagmotiv: © plainpicture
Typografie & Herstellung: Julia Walch, Bad Soden
Gesetzt aus der Swiss 721 BT
Druck und Bindung: Beltz Druckpartner, Hemsbach
Printed in Germany

Dieses Buch ist auch als E-Book erschienen.
www.campus.de

Inhalt

Einleitung

Johannes Heesters wurde »biblische« 108 Jahre alt. Bis zum Schluss erfreute sich der bekannte Sänger und Schauspieler noch erstaunlich guter Gesundheit. Sicherlich eine Ausnahme, aber dennoch gilt: Die Menschen in Deutschland werden immer älter. Auch ein Verdienst des medizinischen Fortschritts.

Doch diese an sich erfreuliche Tatsache hat auch eine Kehrseite: Sie kostet Geld. Und sie kostet Zeit – die Zeit nämlich, die sich die Kinder kümmern müssen.

Denn: Wenn Eltern alt werden, betrifft das nicht nur sie, sondern auch ihre Kinder. Was müssen Eltern und Kinder bei Patientenverfügungen beachten? Was leistet eine Vorsorgevollmacht? Soll ich für meinen Vater eine spezielle Seniorenversicherung abschließen? Was ist, wenn die Mutter zum Pflegefall wird? Wer muss wie viel zahlen? Zu Hause betreuen oder doch ins Pflegeheim? Wie viel Geld gibt es vom Staat oder von der Pflegekasse? Muss ich Haus oder Wohnung umbauen, damit »barrierefreies« Wohnen möglich wird?

Nur einige der Fragen, die in diesem Buch beantwortet werden.

Im Einzelnen finden Sie:

Nur am Rande behandelt werden in diesem Buch psychologische beziehungsweise politische Fragestellungen, die mit dem Älterwerden von Eltern und Kindern verbunden sind. Auf diesem Feld gibt es jedoch einige Literatur; verwiesen sei zum Beispiel auf »Wenn die Eltern älter werden« von Helga Käsler-Heide oder »Wohin mit Vater?« von Anonymus.

Frankfurt/Main, im Oktober 2012

Susanne Pohlmann *Kai Dietrich*

Rechtzeitig miteinander reden

Plötzlich ist der Tag X da. Der Tag, an dem wir hören, dass unsere Mutter, unser Vater oder beide plötzlich in einer Situation sind, dass sie unsere Hilfe brauchen. Was ist, wenn sie dauerhaft nicht mehr fähig sind, ihren Willen mitzuteilen? Um solche Situationen besser zu meistern, kann man im Vorfeld – in besseren Tagen – vorsorgen. Mit einer Vorsorgevollmacht, mit einer Betreuungsverfügung oder auch mit einer Patientenverfügung. In diesem Kapitel geht es aber ebenso um das umstrittene Thema Sterbehilfe und die Frage, wie Hospize Todkranken helfen können.

Zu Hause alt werden

Folgen des demografischen Wandels

Unsere Gesellschaft befindet sich im demografischen Wandel, sie altert. Waren im Jahr 2009 noch gut 21 Millionen Menschen über 60 Jahre alt, sind es im Jahr 2030 schon etwa 28,6 Millionen. Damit wird jeder Dritte über 60 Jahre alt sein.

Eine Herausforderung für Politik und Gesellschaft. Die Politik muss den Spagat schaffen zwischen immer weniger Einzahlern in Kranken- und Pflegekassen und immer größer werdenden Anforderungen. Eine Folge davon, dass immer mehr Menschen älter werden, ist die wachsende Zahl von Demenzkranken. Bislang hat die Politik das Problem Demenz weitgehend vor sich hergeschoben, wenn es darum ging, die Pflege dieser Menschen angemessen über die Pflegeversicherung zu vergüten.

Aber auch ohne Demenz stellt es für die meisten Menschen ein Problem dar, wenn ihre Eltern gebrechlich werden. Oftmals haben sie selbst noch minderjährige Kinder zu versorgen, sind also plötzlich in einer Sandwich-Position. Außerdem wohnt diese Generation häufig nicht mehr am selben Ort wie die Eltern. In dieser Situation stellen sich mehrere Fragen gleichzeitig: Wer (von den Geschwistern) kümmert sich um pflegebedürftige Eltern, lassen diese das überhaupt zu und wie bringt der/die Pflegende diesen Job mit dem eigenen Beruf unter einen Hut? Eine Situation, die für alle belastend ist und viele überfordert.

Gutachten durch den MDK

Widerspruch gegen MDK-Gutachten

Die meisten Pflegebedürftigen – über 80 Prozent – werden zu Hause gepflegt. Dafür gibt es Geld aus der gesetzlichen Pflegeversicherung, gestaffelt nach Pflegestufen. Diese werden nach einer Begutachtung durch den medizinischen Dienst der Krankenkassen (MDK) festgelegt. Nicht selten sind die Begutachteten und noch mehr die Angehörigen unzufrieden mit der Einstufung. Dann sollten sie Widerspruch einlegen, denn die Erfolgsaussichten auf eine höhere Einstufung sind mit etwa 40 Prozent relativ hoch. Wichtig ist, sich dabei professionell beraten zu lassen, zum Beispiel durch einen unabhängigen Pflegesachverständigen.

Grundversorgung zu Hause

Wer nicht zu Hause bei den Eltern wohnt oder beruflich eingespannt ist, kann sich bei der Betreuung der Eltern beziehungsweise eines Elternteils helfen lassen. Die Sozialstationen der Wohlfahrtsverbände, das Sozialamt oder auch Vereine bieten Hilfe im Haushalt und bei Behördengängen an, aber auch häusliche Krankenpflege (nützliche Adressen finden Sie im Anhang). So bleibt ein Wohnen in den eigenen vier Wänden weiter möglich.

Hilfsangebote

Mitunter bedarf es nur geringer Unterstützung, zum Beispiel in Form einer täglichen warmen Mahlzeit. Auch dafür gibt es Anbieter, die zu einigermaßen erschwinglichen Preisen »Essen auf Rädern« anbieten. Auch das Liefern von Tiefkühlkost ist möglich. Sinnvoll kann auch die Installation eines »Hausnotrufs« sein, mit dem überall in der Wohnung oder im Haus ein Rettungsdienst alarmiert werden kann (siehe Seite 51).

Was heißt Betreuung?

Wer früher nicht mehr selbst für sich sorgen konnte, musste damit rechnen, »entmündigt« zu werden und von Amts wegen einen »Vormund« zu bekommen. Heute ist das etwas anders. Der Betroffene bekommt – bestellt vom Betreuungsgericht – einen Betreuer zugewiesen. Dieser Betreuer ist – je nach Bedarf – für bestimmte Aufgaben des Betreuers zuständig, also nicht automatisch für alle Lebensbereiche. Solche Aufgaben sind zum Beispiel

Aufgaben des Betreuers

- Vermögenssorge,
- Gesundheitssorge,
- Aufenthaltsbestimmung oder auch
- Behördenangelegenheiten.

Vermögenssorge

Zur Vermögenssorge gehören im Wesentlichen das Bezahlen von Rechnungen, der Miete und von Heimpflegekosten sowie die Kontoführung. Außerdem muss der Betreuer ein Vermögensverzeichnis erstellen, in dem alle Vermögenswerte des Betreuten aufgelistet sind.

Vermögensverzeichnis

Einmal pro Jahr und bei Beendigung der Betreuung muss der Betreuer eine »Rechnungslegung« erstellen, also eine Art Bilanz seines finanziellen Wirkens. Diese wird vom Betreuungsgericht geprüft. Nur nahe Angehörige sind davon befreit. Die laufende Führung des Girokontos des Betreuten ist dagegen auch Berufsbetreuern seit 2009 ohne gesonderte Genehmigung möglich.

Genehmigungspflichtig sind dagegen Haus- und Grundstückskäufe sowie -verkäufe, Bestellung von Grundschulden und Hypotheken, Kündigung des Wohnraums des Betreuten, Abschluss von Mietverträgen über mehr als vier Jahre, jedwede Erbauseinandersetzungen und -ausschlagungen, Kreditaufnahmen und Überziehungen des Girokontos sowie der Abschluss von Arbeitsverträgen für den Betreuten.

Gesundheitssorge

Hier ist die Betreuung ein wenig komplizierter. Der Betreute muss zunächst, sofern er dazu in der Lage ist, in vorgeschlagene ärztliche Maßnahmen einwilligen. Dann muss der Betreuer einwilligen. Wenn der Betreuer lebenserhaltende Maßnahmen ablehnen sollte, muss das Betreuungsgericht diese Ablehnung absegnen. Falls der Betreute nicht mehr zu einer Entscheidung fähig ist, zählt der Wille, den er in der Vergangenheit bekundet hat. Hier würde eine Betreuungsverfügung oder eine Patientenverfügung (siehe weiter unten) zum Tragen kommen.

Aufenthaltsbestimmung

Hier geht es darum, dass der Betreuer entscheidet, wo der Betreute vorübergehend oder dauerhaft untergebracht ist, zum Beispiel in einem Pflegeheim. Diese Betreuung wird – ebenso wie die Betreuung in Behördenangelegenheiten – in der Regel nur mit einer oder allen anderen Aufgaben übertragen.

Damit wird auch klar, dass ein Betreuer vor allem die rechtliche Seite für den Betreuten regelt. Im Gegensatz zum früheren Vormund wird er für maximal sieben Jahre bestellt. Der Fokus liegt nicht mehr auf Entmündigung, sondern auf der Hilfe zum (möglichst) selbstständigen Leben.

Hilfe statt Entmündigung

Voraussetzungen für eine Betreuung sind zum Beispiel Psychosen, Neurosen, geistige Behinderungen und sehr oft Altersdemenz. Die Folgen müssen erhebliche Beeinträchtigungen der Fähigkeit sein, seine Angelegenheiten selbst zu regeln.

Auch hier hat der Wille des Betreuten Vorrang – das heißt, es darf kein Betreuer gegen den Willen des Betreuten eingesetzt werden. Eine Ausnahme gibt es nur, wenn die Willensbekundung des Betroffenen wegen einer psychischen Erkrankung beeinträchtigt ist.

Ehrenamtliche Betreuung

Angestrebt wird die ehrenamtliche Betreuung. Zwei Drittel der in Deutschland tätigen Betreuer arbeiten ehrenamtlich, der Rest als Berufsbetreuer.

Sofern verfügbar, können auch mehrere ehrenamtliche Betreuer vom Betreuungsgericht bestellt werden, sowohl für dieselbe wie für unterschiedliche Angelegenheiten. Betreuer können auch mehrere Menschen betreuen; es soll aber keine »Massenbetreuung« geben.

Keine »Massenbetreuung«

Das Gericht muss mögliche Interessenkonflikte im Auge behalten, zum Beispiel wenn Betreuer aus dem verwandtschaftlichen Umfeld des Betreuten eingesetzt werden. Aus dem gleichen Grund dürfen Mitarbeiter eines Pflegeheimes, in dem der Betreute lebt, grundsätzlich nicht zum Betreuer bestimmt werden.

Hier wurde in groben Zügen erklärt, was ein Betreuer macht und was er darf. Doch was für den Betreuten und seine Kinder mindestens ebenso wichtig ist: Wer ist der Betreuer? Wie bestimme ich, dass ich den Betreuer bekomme, den ich mir wünsche?

Vorsorgevollmacht

Am besten ist, wenn Ihr Vater oder Ihre Mutter jemanden kennen, dem sie so vertrauen, dass sie dem- oder derjenigen eine Generalvollmacht für den Fall der Handlungsunfähigkeit erteilen. Eine wirksame Vorsorgevollmacht macht die gerichtliche Bestellung eines Betreuers überflüssig. Man sollte damit nicht zu lange warten, denn durch einen Unfall oder auch eine plötzliche Krankheit kann es jederzeit zu einer Situation kommen, in der jemand nicht mehr selbst handlungsfähig ist.

Generalvollmacht im Falle von Handlungsunfähigkeit

Die wichtigsten Fragen, um die es geht, sind folgende:

- Wer soll für mich handeln?
- Wer hat mein Vertrauen?
- Wer kann meine ärztliche Behandlung regeln?
- Wer ist in der Lage, meine Finanzen zu regeln?
  Wer soll bestimmen, ob ich in ein Pflegeheim komme?
- Und nicht zuletzt: Wer bestimmt, ob gegebenenfalls lebenserhaltende Maßnahmen weitergeführt oder unterlassen werden?

Wenn sich der Betreffende darüber klar ist, wer für ihn sorgen soll, sollte er die von ihm ausgewählte Person informieren und eine Vorsorgevollmacht verfassen.

Das geht ganz einfach mit den Vordrucken des Bundesjustizministeriums, die Sie unter www.bundesjustizministerium.net (Service/Publikationen/Betreuungsrecht) finden.

In jedem Fall sollte eine solche Vollmacht keine Einschränkungen der Art enthalten, dass sie zum Beispiel nur in bestimmten Fällen oder Situationen gültig sein soll. Klären Sie solche Bedingungen besser direkt. Übrigens: Eine solche Vollmacht wirkt über den Tod des Vollmachtgebers hinaus!

Grenzen der generellen Vollmacht

Eine solch generelle Vollmacht genügt nicht für Einweisungen in geschlossene Einrichtungen und auch nicht für gefährliche ärztliche Eingriffe wie Gehirnoperationen. Falls diese schon anstehen, sollten sie explizit in der Vollmacht benannt werden.

Empfehlenswert ist eine Beurkundung der Vollmacht beim Notar. Damit ist es auch möglich, Grundstücksgeschäfte zu tätigen und notwendige Kredite aufzunehmen.

Der Betreffende kann mehrere Bevollmächtigte für verschiedene Aufgaben einsetzen. In jedem Fall sollte ein Ersatzbevollmächtigter bestimmt werden, wenn der erstgenannte ausfällt.

Aktuelle Urteile

Im Jahr 2011 hat sich der Bundesgerichtshof gleich zweimal mit der Problematik beschäftigt.

Mit Beschluss vom 30. 3. 2011 (Az XII ZB 537/10) stellte der BGH fest, dass bei Vorliegen einer Vorsorgevollmacht die gerichtlich angeordnete Betreuung regelmäßig ausscheidet. Im vorliegenden Fall hatte eine Mutter ihre drei Söhne zu Bevollmächtigten bestellt.

Weil einer der Söhne die Mutter in einem Pflegeheim unterbringen wollte, widerrief die Mutter mithilfe eines Notars die Vollmacht für diesen Sohn. Der wollte daraufhin einen Kontrollbetreuer eingeschaltet wissen, was der BGH aber ablehnte.

Mit einem Urteil vom 13. 4. 2011 (AZ XII ZB 584/10) entschied der BGH, dass zum Schutz des Betroffenen ausnahmsweise eine Betreuerbestellung auch trotz Vorsorgevollmacht angeordnet werden darf. Und zwar dann, wenn erhebliche Zweifel an der Redlichkeit des Bevollmächtigten bestünden.

Im vorliegenden Fall hatte die Betroffene drei Personen als Bevollmächtigte bestimmt. Doch zwei dieser Bevollmächtigten lehnten es ab, die Vollmacht wahrzunehmen.

Der verbliebene Bevollmächtigte lieferte Anhaltspunkte für den Missbrauch der Vollmacht, da er eine Abhebung vom Girokonto der Betroffenen nicht plausibel erklären konnte. Für den BGH waren damit erhebliche Zweifel an seiner Redlichkeit gegeben, die zum Schutz der Betroffenen die Betreuerbestellung notwendig erscheinen ließen.

Um die Vollmacht wiederzufinden falls sie verloren ging, empfiehlt es sich, sie im Zentralen Vorsorgeregister der Bundesnotarkammer unter www.vorsorgeregister.de abzuspeichern. Die Kosten betragen einmalig 15,50 Euro, hinzu kommen 2,50 Euro für weitere Bevollmächtigte. Dort finden Sie auch weitere Informationen.

Betreuungsverfügung

Wenn keine Vorsorgevollmacht vorliegt oder gegeben werden soll, kann eine Betreuungsverfügung sinnvoll sein. Hier bestimmt der Betroffene, wen er gern als Betreuer hätte. Außerdem können bestimmte Wünsche, die während der Betreuung erfüllt werden sollen, genannt werden. Hier kann auch stehen, wer keinesfalls als Betreuer eingesetzt werden soll.

Anders als ein Bevollmächtigter unterliegt der in der Verfügung genannte Betreuer, sofern er denn eingesetzt wird, der gerichtlichen Überwachung durch das Betreuungsgericht. Auf gut Deutsch: Wer eine Wunschperson als Betreuer haben will, dieser aber keine uneingeschränkte Vollmacht über sein Leben geben will, hat mit der Betreuungsverfügung ein geeignetes Instrument zur Hand. Die Betreuungsverfügung berechtigt nicht zur Vertretung in Rechtsgeschäften – das ist einer der wesentlichen Unterschiede zur Vorsorgevollmacht.

Grenzen der Betreuungsverfügung

Ist eine Betreuungsverfügung überflüssig, wenn bereits eine Vorsorgevollmacht erteilt wurde? Nicht unbedingt. Sicherlich ist die Vorsorgevollmacht der Betreuungsverfügung vorzuziehen, wenn eine entsprechende Vertrauensperson zur Verfügung steht. Es kann aber aus zwei Gründen doch sinnvoll sein, eine Betreuungsverfügung abzufassen: zum einen, um eine Ersatzperson zum Bevollmächtigten zu benennen, zum anderen, um präzise Vorstellungen und Wünsche für die Zeit der Versorgung verbindlich zu äußern.

Auch für Betreuungsverfügungen gibt es Vordrucke unter www.bundesjustizministerium.net (Service/Publikationen/Betreuungsrecht). Wie die Vorsorgevollmacht kann auch eine Betreuungsverfügung im Zentralen Vorsorgeregister der Bundesnotarkammer gespeichert werden (www.vorsorgeregister.de).

Patientenverfügung

Auch Ihre Mutter oder Ihr Vater können in diese Lage kommen: Sie werden ins Krankenhaus eingeliefert und können sich nicht mehr selbst artikulieren. Was ist, wenn dieser Zustand andauert, über Wochen, Monate, vielleicht Jahre? Viele Menschen wollen nicht, dass in einer solchen Situation unbegrenzt lebensverlängernde Maßnahmen an ihnen vorgenommen werden. Doch das weiß möglicherweise niemand in ihrer Umgebung. So sind Ärzte immer verpflichtet, ihrem Eid zu folgen. Und das heißt: alles zu tun, was das Sterben verhindert.

Nicht jeder wünscht lebensverlängernde Maßnahmen

Mit einer Patientenverfügung – auch Patiententestament genannt – können Sie festlegen, mit welchen ärztlichen Maßnahmen Sie im Zustand der Entscheidungsunfähigkeit einverstanden sind und mit welchen nicht. Die Patientenverfügung richtet sich also in erster Linie an den Arzt.

Der »mutmaßliche Wille«

Ohne eine solche Verfügung und ohne einen Bevollmächtigten müsste der Arzt nach dem »mutmaßlichen Willen« des Patienten handeln. Der »mutmaßliche« Wille muss dabei im Sinne des § 1901a Abs.2 BGB ermittelt werden. Wichtige Anhaltspunkte dafür sind

- frühere mündliche oder schriftliche Äußerungen,
- religiöse und/oder ethische Überzeugungen oder auch
- weitere Wertvorstellungen.

Dazu müssen auch nahe Angehörige und sonstige Vertrauenspersonen gehört werden. Im Zweifel entscheidet sich der Arzt für lebensverlängernde Maßnahmen, wenn der Patient im Koma liegt. Doch würde dieser das wirklich wollen? Um das klarzustellen, kann eine Patientenverfügung helfen.

Mehr Verbindlichkeit durch neues Gesetz

Die neuen gesetzlichen Regelungen zur Patientenverfügung sind am 1. September 2009 in Kraft getreten. Damit war eine jahrelange Diskussion, die auch quer durch alle im Bundestag vertretenen Parteien ging, erst einmal beendet.

Meilensteine in dieser Diskussion waren zwei BGH-Urteile vom 17.3.2003 (Az.: XII ZB 203) und vom 8.6.2005 (Az.: XII ZR 177/03). Im ersten Fall ging es darum, dass das Gericht feststellte, dass bei einem unumkehrbar tödlichen Krankheitsverlauf lebensverlängernde Maßnahmen unterbleiben müssten, wenn dies dem ausdrücklichen Willen des Patienten entspricht. Diesen hatte er zuvor in einer Patientenverfügung geäußert. Im zweiten Fall wollte das Pflegeheim die künstliche Ernährung des Patienten mit Hinweis auf den Heimvertrag fortsetzen, obwohl Betreuer und Arzt diese beenden wollten. Das Gericht erkannte zugunsten des Betreuers und des Arztes.

Für die Betroffenen bedeuten diese Urteile und das Gesetz vor allem: Wurde früher oft die Verbindlichkeit solcher Willensbekundungen angezweifelt, ist das Dokument für den Arzt beziehungsweise das Pflegeheim bindend, wenn das Ansinnen zulässig im Sinne des Gesetzes ist. Auch nahe Angehörige oder sonstige Vertrauenspersonen haben dann kein Vetorecht.

Zulässig ist die Einstellung lebenserhaltender Maßnahmen unabhängig von dem Stadium der Erkrankung und unabhängig von der Lebensphase des Betroffenen.

Nicht zulässig ist jedoch das aktive Herbeiführen des Todes auf Wunsch – also aktive Sterbehilfe (dazu mehr am Ende dieses Kapitels).

Andererseits ist eine Patientenverfügung nicht in jedem Falle bindend: Wenn es nämlich deutliche Zweifel gibt, ob der Patient aktuell noch das möchte, was in der Verfügung steht. Juristen sagen dann, dass die Festlegungen nicht auf die aktuelle Lebens- und Behandlungssituation zutreffen. Beispiel: Die Patientenverfügung ist schon zehn oder zwanzig Jahre alt.

WISO Tipp

Denken Sie daran, dass Sie nahe Angehörige, insbesondere Ihren Partner und Ihre Kinder, vorher vom Inhalt der Patientenverfügung in Kenntnis setzen! Vor allem dann, wenn Sie für bestimmte Situationen oder Erkrankungen lebenserhaltende Maßnahmen ablehnen.

Patientenverfügung aktualisieren

Um sicherzugehen, dass die Patientenverfügung nicht von irgendjemand angezweifelt wird, sollte sie regelmäßig aktualisiert werden. Wenn alles so bleiben soll wie bisher, reicht es, einfach noch einmal die Unterschrift unter das Dokument zu setzen, natürlich mit dem aktuellen Datum. Patientenverfügungen können vom Verfasser natürlich auch jederzeit formlos widerrufen werden.

Wie formuliert man eine Patientenverfügung? Am besten bedienen Sie sich eines vorformulierten Textes. Denn die Gefahr, Fehler zu machen, ist groß. Dazu gehören unpräzise Umschrei-

WISO Tipp

Denken Sie bei einer Patientenverfügung auch immer an eine Vorsorgevollmacht (Seite 15)! Damit stellen Sie sicher, wer Ihre Patientenverfügung in Ihrem Sinne auslegt und durchsetzen kann! Gibt es keinen Bevollmächtigten, entscheidet ein gerichtlich eingesetzter Betreuer, wie die Patientenverfügung auszulegen ist.

bungen wie »menschenunwürdiges Dasein«, »unerträgliche Schmerzen« oder »Wegfall wichtiger Organe«, denn verschiedene Menschen und damit auch Ärzte verstehen darunter nicht immer das Gleiche.

Achten Sie auf unmissverständliche Formulierungen

Besser ist es, präzise Krankheiten oder Zustände zu beschreiben, in denen zum Beispiel lebenserhaltende Maßnahmen unterbleiben sollen. Unmissverständlich wäre zum Beispiel »apallisches Syndrom«. Das bedeutet, dass das Gehirn so geschädigt ist, dass der Mensch kein bewusstes Leben mehr führen kann. Unmissverständlich sind außerdem Begriffe wie »unumkehrbare Bewusstlosigkeit« oder »unumkehrbarer Eintritt des Sterbeprozesses«. Formulierungshilfen finden Sie im Internet unter www.bundesjustizministerium.de (Service/Publikationen/Patientenverfügung).

Hospize

Jedes Jahr sterben in Deutschland rund 800 000 Menschen. Nach Schätzungen brauchen etwa 500 000 (rund 60 Prozent) von ihnen in der letzten Lebensphase eine spezielle Betreuung, wie zum Beispiel Schmerzmedizin, Zuwendung und Pflege. Auf den unvermeidlichen Tod angesprochen, möchten die meisten Menschen am liebsten zu Hause sterben. Tatsächlich sterben jedoch etwa die Hälfte im Krankenhaus, weitere 20 Prozent in einem Alten- und Pflegeheim. Die Idee des Hospizes ist, sterbenden Menschen, denen im Krankenhaus nicht mehr geholfen werden kann, zu ermöglichen, die letzte Phase ihres Lebens in Würde und Selbstbestimmung zu verbringen.

Die Hospiz-Idee

Seit 1986 gibt es in Deutschland Einrichtungen zur Sterbebegleitung, Hospize genannt. Das erste Kinderhospiz folgte 1998. Es sind meist kleine Heime mit nur wenigen Betten. Mittlerweile gibt es etwa 180 Hospize in Deutschland. Hinzu kommen etwa 230 sogenannte Palliativstationen in Krankenhäusern. Außerdem gibt es etwa 1500 ambulante Hospizdienste, die Todkranke zu Hause, in einem Heim, im Krankenhaus oder auch in einer eigenen Einrichtung begleiten.

In Deutschland hat der Arzt Johann-Christoph Student viel zur Etablierung von Hospizen beigetragen. Der Sozialmediziner und Psychotherapeut ist Schüler der Sterbeforscherin Elisabeth Kübler-Ross und war von 1997 bis 2006 Leiter des Stuttgarter Hospizes. Seit 2006 ist Student ehrenamtlicher Vorsitzender des Deutschen Instituts für Palliative Care. Nach Student sollten Hospize fünf Qualitätskriterien erfüllen:

- Palliative Care statt Medical Care (Fürsorge, die Schmerzfreiheit und Zuwendung statt Heilung zum Ziel hat)
- Trauerbegleitung
- Der Kranke und seine Angehörigen stehen im Mittelpunkt.
- Freiwillige Begleiter werden einbezogen.
- Betreuung durch ein interdisziplinäres Team

Sterben ist kein Tabuthema mehr

Der Kranke und sein Wille sollen an erster Stelle stehen. Gemeinsam setzen sich die Verbände der Hospizbewegung dafür ein, das Sterben zu enttabuisieren. Patientenverfügungen werden respektiert. Gleichwohl lehnen sie gewöhnlich aktive und passive (ärztlich assistierte) Sterbehilfe ab. Man sieht hier vor allem die Gefahr, dass Menschen ihrem Leben ein Ende setzen wollen, weil sie niemandem zur Last fallen möchten, oder dass sie sogar von ihren Angehörigen dazu gedrängt werden könnten. Die Gegner dieser Auffassung sehen sich in ihrem Recht verletzt, selbst über ihr Lebensende entscheiden zu können (siehe auch nächstes Kapitel).

Verbände der Hospizbewegung

In den 1990er-Jahren nahm die Hospizbewegung in Deutschland immer mehr Fahrt auf. Neue Verbände entstanden, so zum Beispiel der Deutsche Hospiz- und PalliativVerband (DHPV) oder die Patientenschutzorganisation Deutsche Hospiz Stiftung. 1994 kam die Deutsche Gesellschaft für Palliativmedizin (DGP) hinzu, die sich die Aus- und Weiterbildung sowie Entwicklung von Qualitätskriterien und Standards zum Ziel gesetzt hat. 1996 wurde das Sozialgesetzbuch V vom Gesetzgeber angepasst, um die Finanzierung der Hospizarbeit durch die Krankenkassen sicherzustellen.

Hospize werden heute von gemeinnützigen Vereinen oder Organisationen sowie von Kirchen oder Stiftungen betrieben. Die ärztliche Versorgung ist unterschiedlich. Manche stehen unter ärztlicher Leitung, andere greifen auf niedergelassene Ärzte vor Ort zurück.

Wie bekommt man einen Platz im Hospiz?

Zunächst muss die sogenannte Hospizbedürftigkeit gegeben sein. Das heißt, dass der betreffende Patient an einer unheilbaren Erkrankung leidet, die eine begrenzte Lebenserwartung zur Folge hat. Die Hospizbedürftigkeit muss vom behandelnden Arzt bescheinigt werden.

Die erste Entscheidung betrifft den Ort: Soll ein ambulanter Hospizdienst eine Betreuung zu Hause, im Krankenhaus oder im Heim unterstützen oder soll es einen Umzug in ein stationäres Hospiz sein? Denn – eigentlich eine Selbstverständlichkeit – ohne Einverständnis sollte niemand in ein Hospiz verlegt werden.

Welches Hospiz?

Wenn die Entscheidung für ein stationäres Haus gefallen ist, kommt der zweite Schritt: Schauen Sie sich die Hospize in Ihrer Nähe persönlich an. In welcher Umgebung liegt das Hospiz? Hat es die richtige Größe? Wenn Ihnen beziehungsweise Ihren Angehörigen ein Haus zusagt, fragen Sie direkt vor Ort nach einer möglichen Aufnahme und ab wann das realisierbar ist. Natürlich ist ein freier Platz Aufnahmevoraussetzung. Fragen Sie auch zum Beispiel danach, ob, wie oft und wo Sie als Angehöriger im Hospiz übernachten oder wohnen können. Fragen Sie danach, inwieweit Sie das Patientenzimmer nach eigenen Vorstellungen gestalten können. Nehmen Sie eine Hospizberatung in Anspruch. Vielleicht stellt sich dann heraus, dass ein Hospiz doch nicht das Richtige für Ihre Situation ist.
Für den Fall, dass im Wunschhospiz kein Platz frei ist, bietet sich als Übergang eine Palliativstation in einem Krankenhaus an. Oder Sie nehmen Kontakt mit einem der rund 1500 ambulanten Hospizdienste auf, wenn einer davon in der Nähe ist.

Was kostet das Hospiz?

Seit 2009 nichts mehr bis auf Praxisgebühr und den Eigenanteil bei Arzneikosten. Bei einer Zuzahlungsbefreiung entfallen auch diese Kosten.

Kostenübernahme für Hospizbetreuung

Damit die Krankenkasse die Kosten der Hospizbetreuung übernimmt, muss der Aufnahmeantrag vom behandelnden Arzt ausgefüllt und an die Einrichtung geschickt werden. Das Hospiz leitet den Antrag weiter an die Krankenkasse. Nach drei Tagen sollte die Entscheidung zur Kostenübernahme vorliegen. Zwar gilt die Kostenbewilligung zunächst nur für 28 Tage, doch kann und wird das Hospiz danach eine Verlängerung beantragen, sodass die Krankenkasse eine weitere Kostenübernahme zusagt.
Seit 2009 werden die Kosten der Unterbringung im Hospiz zu 90 Prozent von der Krankenkasse übernommen, die restlichen 10 Prozent werden durch Spenden abgedeckt. Davor hatten die Kranken noch einen Eigenanteil von 7 Prozent zu leisten. Auch wer nicht krankenversichert ist, wird gewöhnlich ohne Eigenanteil aufgenommen. Die Kosten werden dann komplett durch Spenden beglichen.
Auch ambulante Hospizdienste werden von den Krankenkassen bezahlt, sofern sie die Voraussetzungen erfüllen. Fragen Sie danach! Bei Palliativstationen in Krankenhäusern ist das anders. Hier muss der Eigenanteil für

die stationäre Unterbringung aufgebracht werden. Schon dadurch wird deutlich, dass es sich nur um eine kurze Unterbringung handeln kann. Bedenken sollten Sie auch, dass eine Verbesserung des Gesundheitszustandes des Patienten dazu führen kann, dass die Voraussetzung zum Verbleib im Hospiz nicht mehr gegeben ist. In diesem Fall würde auch die Krankenkasse die Kosten nicht mehr übernehmen. Auch wenn Sie diese selbst tragen würden: Es steht dennoch ein Umzug nach Hause oder in ein normales Pflegeheim an, weil sonst die wenigen Hospizplätze auf Dauer blockiert wären.

Was kommt danach?

Zeit zum Abschiednehmen

Nach dem Tod wird den Angehörigen im Hospiz noch Zeit zum Abschiednehmen gegeben. Die Angehörigen können in dieser Zeit Gespräche mit Hospizmitarbeitern führen, bekommen auch zu essen und zu trinken. Als Zeichen für den Tod wird meist ein Windlicht auf den Nachttisch gestellt, ebenso eines vor das Zimmer. Man kann sogar noch die Nacht im Zimmer verbringen. Bis zu 36 Stunden kann der Leichnam im Zimmer verbleiben, ohne dass es einer Erlaubnis durch das Ordnungsamt bedarf. Danach wird er durch einen Bestatter abgeholt. Die persönlichen Gegenstände des Toten werden dann von den Angehörigen aus dem Zimmer geräumt, sofern das gewünscht und die Zeit vorhanden ist.

Sterbehilfe: kontrovers diskutiert

Im Juni 2012 meldeten die Zeitungen folgende Begebenheit:
»Zu einer dreijährigen Haftstrafe hat das Braunschweiger Landgericht am Dienstag einen 26-Jährigen verurteilt, der seine seit sieben Jahren im Wachkoma liegende Mutter getötet hat. Die Richter verurteilten den Mann wegen Totschlags. Die 48-Jährige hatte 2004 einen Reitunfall und dabei schwere Hirnverletzungen erlitten. Die Frau war seitdem nicht mehr ansprechbar und hatte zahlreiche Leiden. Die Ärzte hielten eine Besserung für so gut wie ausgeschlossen. Der Angeklagte hatte gestanden, eine Kanüle aus der Luftröhre seiner Mutter gezogen und sie erstickt zu haben.« (Quelle: dpa)

Der Mann wurde wegen Totschlags verurteilt (Strafgesetzbuch § 212), obwohl das Gericht ihm glaubte, dass er aus Mitleid gehandelt habe. Eine

Patientenverfügung lag nicht vor. Das Gericht warf dem Angeklagten jedoch vor, nicht versucht zu haben, das Abschalten der Geräte gerichtlich zu erwirken.

Da er selbst zur Tat schritt, könnte man dies auch als Fall von »aktiver« Sterbehilfe bezeichnen. In Deutschland ist diese sogar eine Straftat, auch wenn der/die Verstorbene der Tötung ausdrücklich zugestimmt hat, zum Beispiel in einer Patientenverfügung. Geregelt ist dies in § 216 Strafgesetzbuch:

Tötung auf Verlangen

(1) Ist jemand durch das ausdrückliche und ernstliche Verlangen des Getöteten zur Tötung bestimmt worden, so ist auf Freiheitsstrafe von sechs Monaten bis zu fünf Jahren zu erkennen.

(2) Der Versuch ist strafbar.

Passive Sterbehilfe erlaubt

Im Gegensatz dazu ist die »passive« Sterbehilfe möglich, etwa das Abschalten des Beatmungsgeräts durch den Arzt, wenn der Patient diesem zuvor zugestimmt hat, zum Beispiel in einer Patientenverfügung. Passive Sterbehilfe findet im Strafgesetzbuch bislang keine Beachtung. Der Bundesgerichtshof stärkte aber im Juni 2010 in einem Grundsatzurteil das Selbstbestimmungsrecht von Patienten, indem er urteilte, dass im strafrechtlichen Sinne eine entsprechende Patientenverfügung beachtet werden müsse. Dazu gehört das Unterlassen von lebenserhaltenden Maßnahmen ebenso wie die Verhinderung oder der gewollte Abbruch von Behandlungen (Aktenzeichen: BGH 2 StR 454/09) (siehe Kapitel Patientenverfügung).

Tödliche Medikamente für lebensmüde Patienten?

Doch was ist, wenn der oder die Betreffende noch nicht an einer lebenserhaltenden Maschine hängt oder es keine Patientenverfügung gibt? Dürfen Ärzte suizidwilligen Patienten tödliche Medikamente verschreiben oder übergeben? Strafrechtlich gesehen dürfen sie es – denn auch hier handelt es sich um »passive« Sterbehilfe. Doch bisher werden Ärzte bei dieser Frage durch ihr eigenes Standesrecht blockiert, das den »ärztlich assistierten Suizid« ablehnt. Zudem droht möglicherweise durch die Hintertür doch wieder das Strafrecht – und zwar wegen »unterlassener Hilfeleistung«.

Mit solchen Fragen tun sich Politik und Gesellschaft in Deutschland schon lange schwer. Auch innerhalb der Ärzteschaft gibt es keine einheitliche Meinung. Als der ehemalige Präsident der Bundesärztekammer Jörg-

Dietrich Hoppe für eine Abschwächung der Verbotsformulierungen eintrat, fuhr ihm sofort der Vorsitzende des Marburger Bundes, Rudolf Henke, in die Parade: »Ich bin entschieden gegen einen Kurswechsel und auch dagegen, dass wir den Eindruck eines Kurswechsels erwecken«, so Henke gegenüber *WELTonline* Ende 2010.

Der Fall Timo Konietzka

Wer selbstbestimmt und schmerzfrei aus dem Leben scheiden will, hat es in Deutschland also schwerer als in manchen Nachbarländern. So bleibt fast immer nur der Weg in ein anderes Land, welches dies ermöglicht. Wie zum Beispiel in die Schweiz, die Timo Konietzka gewählt hat. Der erste Torschütze der 1963 gegründeten Bundesliga war mit 73 Jahren an Gallenkrebs erkrankt und wusste, dass er nicht mehr lange zu leben haben würde. Doch Schmerzen und Siechtum im Endstadium wollte er sich ersparen.

Also kontaktierte der frühere Fußballer, der auch die Schweizer Staatsbürgerschaft besaß, im März 2012 die Schweizer Organisation Exit und trank einen Giftcocktail. In einer Todesanzeige, die am Folgetag in der *BILD* erschien, schrieb Konietzka: »Ich möchte mich an dieser Stelle ganz herzlich bei Exit bedanken, die mich am Montagnachmittag von meinen Qualen erlöst und auf dem schweren Weg begleitet haben.«

Plädoyer für eine ärztliche Sterbebeihilfe

Macht dieser Satz den Eindruck, als ob Konietzka gewissenlosen Geschäftemachern zum Opfer gefallen ist? Eugen Brysch von der Deutschen Hospiz Stiftung jedenfalls fand es »entsetzlich«, dass Schweizer Sterbehilfevereine durch die Selbstmordbegleitung Prominenter versuchen würden, Öffentlichkeit für ihr Geschäftsmodell zu erlangen. Man könnte es vielleicht auch »entsetzlich« finden, dass die Gegner der Sterbehilfe offenbar kein Wort darüber verloren, dass Konietzkas Entscheidung großen Respekt verdient, unabhängig davon, ob Exit nun ein Geschäft gemacht hat oder nicht.

Auch der jetzige Präsident der Bundesärztekammer, Frank Ulrich Montgomery, nahm den Fall Konietzka zum Anlass, erneut die ärztlich assistierte Sterbehilfe zu attackieren: »Unsere Position ist eindeutig: Als Sterbehelfer stehen wir nicht zur Verfügung.« Die Erfahrung zeige, »dass gerade dann, wenn man einem schwer kranken Patienten durch gute

Angebot zum Leben

Palliativmedizin ein Angebot zum Leben und zu einem würdigen Tod macht, er das dem schnellen Selbstmord immer vorzieht«.

Ein solches Angebot ist sicher für viele Menschen eine große Hilfe. Doch warum verweigert Montgomery den anderen seine ärztliche Heilkunst? Was ist an einem »schnellen Selbstmord« eigentlich unwürdig? Wer unheilbar krank ist, möchte vielleicht kein »Angebot zum Leben« mehr – vielleicht möchte er stattdessen möglichst schnell von seinen Leiden erlöst werden. So gibt es auch im Sterben eine Zwei-Klassen-Gesellschaft: Prominente setzen ihrem Leben per Pistole (wie Gunter Sachs) oder eben mit Natrium-Pentobarbital (wie das Ehepaar Eberhard und Helga von Brauchitsch) in der Schweiz ein Ende, weil sie über das Geld und/oder die Möglichkeiten verfügen. Es bleiben die vielen anderen, die das nicht können.

Hermann Hesse sagte einmal: »Was den freiwilligen Tod betrifft: Ich sehe in ihm weder eine Sünde noch eine Feigheit. Aber ich halte den Gedanken, dass dieser Ausweg uns offensteht, für eine gute Hilfe im Bestehen des Lebens und all seiner Bedrängnisse.« Schade, dass manche für diesen Ausweg ins Ausland gehen müssen.

Der Fall Bettina Koch

Möglicherweise kommt durch den Fall Bettina Koch endlich ein bisschen Bewegung in die Sache. Die Frau war im April 2002 beim Ausladen ihres Autos so schwer gestürzt, dass sie fortan querschnittsgelähmt war. Sie konnte nur noch den Kopf bewegen, musste künstlich beatmet und ernährt werden und war zudem auf einen Herzschrittmacher angewiesen. Bald wollte sie nicht mehr leben. Im November 2004 stellte sie darum beim Bundesinstitut für Arzneimittel den Antrag auf Erwerb einer tödlichen Dosis Natrium-Pentobarbital, um sich damit schmerzfrei das Leben nehmen zu können.

Endlos-Verfahren um ärztliche Sterbehilfe

Das wurde abgelehnt mit der Begründung, Arzneimittel dürften nicht für einen Selbstmord verwendet werden(!). Daraufhin legten sie und ihr Mann Ulrich Koch Widerspruch ein. Da die Frau das Ergebnis nicht abwarten wollte, fuhren beide in die Schweiz, wo die Frau im Februar 2005 beim Verein Dignitas aus dem Leben schied.

Kurz danach wurde der Widerspruch zurückgewiesen. Der Witwer klagte dagegen, doch zwei Verwaltungsgerichte und zuletzt das Bundesverfassungsgericht wiesen ihn ab: Begründung: Er sei gar nicht klagebefugt(!). Daraufhin zog er vor den Europäischen Gerichtshof für Menschenrechte, der ihm im Juli 2012 teilweise recht gab: Zwar habe er nicht im Namen seiner Frau klagen können, aber im eigenen. Und: Die Gerichte hätten sich mit der Sache befassen müssen, da der Fall »grundlegende Fragen im Zusammenhang mit dem Wunsch von Patienten, ihrem Leben selbstbestimmt ein Ende zu setzen, die von allgemeinem Interesse waren«, betraf, so der Gerichtshof. Und damit wurde der Fall an die deutsche Gerichtsbarkeit zurückverwiesen, es geht also weiter.

Der Fall rief sowohl Befürworter wie auch Gegner der ärztlichen Sterbehilfe auf den Plan. Eugen Brysch von der Deutschen Hospiz Stiftung meinte, dass es gar nicht nötig gewesen sei, der Frau Natrium-Pentobarbital zu geben. Man hätte ja auf ihren Wunsch hin einfach das Beatmungsgerät abschalten können und durch palliativmedizinische Maßnahmen das Ersticken verhindern können. Doch genau das hätten zuvor die beteiligten Ärzte verweigert, schildert der Anwalt des Witwers: dass nämlich kein Arzt zu finden gewesen sei, der bereit gewesen wäre, seine Frau auf ebendiese Weise sterben zu lassen.

Ganz anders die Befürworter von Selbstmord-Beihilfe in Einzelfällen, wie etwa der Humanistische Verband.

Dessen Vize Erwin Kress: »Wir sind der Meinung, dass das Bundesamt für Arzneimittel die Verschreibung von Natrium-Pentobarbital in bestimmten Fällen zulassen sollte.« Elke Baezner von der Deutschen Gesellschaft für humanes Sterben (DGHS) bedauert, dass kein Grundsatzurteil in Straßburg gesprochen wurde. Sie fordert für die Zukunft eine Ausnahmeregelung im deutschen Betäubungsmittelgesetz, weil es mit den Möglichkeiten der Palliativpflege nicht getan sei. Schwerst- und Sterbenskranken müsse die Möglichkeit einer ärztlichen Freitodhilfe, die klaren Sorgfaltskriterien genüge, eröffnet werden.

Deutsches Betäubungsmittelgesetz

Außerdem dürften die Ärzte, die bei einem Selbstmord assistieren, keiner Strafverfolgung oder Repressalien der Ärztekammern ausgesetzt sein. Ansonsten, so Baezner, würden verzweifelte Menschen, die ihren Krankheitszustand einfach nicht mehr mit ihrem eigenen Würde-Empfinden in Einklang bringen könnten, weiterhin gezwungen sein, »grausame Suizidmethoden zu wählen oder sich an eine Schweizer Sterbehilfeorganisation zu wenden«.

Selbstbestimmt und schmerzfrei aus dem Leben scheiden?

Schätzungen zufolge begehen jedes Jahr etwa 100 bis 200 Menschen mit der Hilfe von Schweizer Sterbehilfe-Organisationen Selbstmord, mit steigender Tendenz. Viele davon kommen aus dem Ausland, besonders aus Deutschland. Die Sterbehilfeorganisationen Dignitas und Exit berufen sich auf Artikel 115 des Schweizerischen Strafgesetzbuches. Laut diesem ist Hilfe zum Selbstmord nicht verboten, solange keine »selbstsüchtigen Beweggründe« bestünden.

Dignitas

Dignitas wurde 1998 vom Schweizer Journalisten und Rechtsanwalt Ludwig Amadeus Minelli gegründet. Der Verein bietet seinen Mitgliedern Beratung, Begleitung und Beihilfe zum Selbstmord an. Man weist aber auch darauf hin, dass man seit 1998 über 30 000 Menschen den Selbstmord ausgeredet habe. Dignitas betont, dass der Sterbewunsch der erklärte Wille des urteilsfähigen Mitglieds sein müsse. Außerdem wird verlangt, dass eine hoffnungslose oder unheilbare Krankheit, unerträgliche Schmerzen oder unzumutbare Behinderungen ärztlich bestätigt werden. Das entsprechende Attest kann durch den Schweizer Hausarzt, aber auch durch einen Vertrauensarzt, der mit Dignitas zusammenarbeitet, ausgestellt werden.

Kosten bei Dignitas

Die Mitgliedschaft bei Dignitas kostet einmalig 200 Schweizer Franken sowie mindestens 80 Schweizer Franken jährlich. Der Freitod bei Dignitas kostet rund 7000 Schweizer Franken, umgerechnet etwa 5835 Euro (Stand Juli 2012) und ist damit nicht ganz billig. Kritiker werfen Dignitas daher auch immer wieder Geschäftemacherei vor. Bei Dignitas selbst heißt es, das Geld würde nur die Kosten decken, zumal die Kosten für die notwendigen Behördengänge und für die Einäscherung darin enthalten seien.

Der Vorteil von Dignitas ist, dass man nicht in der Schweiz wohnhaft sein muss, um dort Selbstmord begehen zu können. Die konkrete Sterbehilfe von Dignitas besteht darin, dass dem Patienten in einem sogenannten Sterbezimmer 15 Gramm Natrium-Pentobarbital, aufgelöst in Wasser, gereicht wird. Angehörige dürfen dabei sein. Der Patient nimmt dann selbst die tödliche Dosis zu sich. Das muss sein, da sonst ein Verstoß gegen Schweizer Gesetze vorliegen würde. Im Falle der vom Hals abwärts ge-

lähmten Bettina Koch (siehe oben) wurde zu diesem Zweck extra ein Apparat gebaut. Schon nach ein paar Minuten schläft der Patient ein und stirbt schließlich an Atemlähmung. Dieser Tod sei völlig schmerzlos, versichert man bei Dignitas. In Deutschland ist Natrium-Pentobarbital zwar auch als verschreibungspflichtiges Betäubungsmittel im Handel, zum Zweck des Selbstmords wird es aber nicht abgegeben.
Seit 2005 hat Dignitas auch eine Zweigstelle in Deutschland. Sie will Anlaufstelle sein und auch direkter auf die Politik einwirken, damit irgendwann auch in Deutschland Sterbebeihilfe wie in der Schweiz möglich ist. Bei Dignitas Deutschland weist man darauf hin, dass sich bei Umfragen in Deutschland seit Jahren eine Mehrheit der Bevölkerung für eine solche Beihilfe ausspricht.

Exit

Der Verein Exit wurde 1982 gegründet und hat nach eigenen Angaben heute rund 80000 Mitglieder. Auch Exit unterstützt Menschen, die aus dem Leben scheiden wollen. Nach eigenen Angaben hat Exit 2011 305 Menschen in den Freitod begleitet und damit 48 mehr als in 2010. Die meisten davon wollten sterben, weil sie an Krebs erkrankt waren, heißt es bei Exit.

Kosten bei Exit

Der Freitod bei Exit kostet rund 2400 Euro und ist damit nicht einmal halb so teuer wie bei Dignitas. Der Nachteil ist, dass man nur als in der Schweiz wohnhafter Bürger die Dienste von Exit in Anspruch nehmen kann.
Voraussetzungen sind ferner: eine hoffnungslose Prognose, unerträgliche Beschwerden oder eine unzumutbare Behinderung. Die häufigste Diagnose bei Sterbewilligen ist Krebs. In seltenen Fällen und nach intensiven Abklärungen durch Fachärzte würden auch psychisch Leidende in den Tod begleitet. Eine psychische Krise reicht dagegen nicht aus, um von Exit Sterbehilfe zu bekommen.

Nützliche Adressen

Deutscher Hospiz- und PalliativVerband e.V.
(bisherige BAG Hospiz)
Mail: dhpv@hospiz.net
Web: www.dhpv.de

Deutsche Gesellschaft für Palliativmedizin e.V. (DGP)
Mail: dgp@dgpalliativmedizin.de
Web: www.dgpalliativmedizin.de

Deutsche Gesellschaft zum Studium des Schmerzes e.V. (DGSS)
Mail: info@dgss.org
Web: www.dgss.org

eigenes leben – Hilfen für Kinder mit Schmerzen oder lebensverkürzenden Erkrankungen e.V.
Mail: eigenes-leben@web.de
Web: www.eigenes-leben-ev.de

Deutsche Krebshilfe e.V.
Mail: deutsche@krebshilfe.de
Web: www.krebshilfe.de

Dignitas
Postfach 9
CH-8127 Forch
Telefon: +41-43-366 10 70
www.dignitas.ch
E-Mail: dignitas@dignitas.ch

Dignitas Deutschland e.V.
(Dignitate)
Schmiedestraße 39
30159 Hannover
Telefon: 0511 - 336 2344

Exit
Mühlezelgstrasse 45
CH-8047 Zürich
Telefon: +41-43-343 38 38
www.exit.ch
E-Mail: info@exit.ch

Fazit

Lange Zeit gehörte das Sterben in den Tabubereich, über den möglichst nicht gesprochen wurde. Zumindest für den Bereich der Patientenverfügung und des Hospizwesens hat sich das in Deutschland seit einigen Jahren verändert. Gut so! Dadurch gibt es vermehrt Möglichleiten und Anlaufstellen für Betroffene, die Hilfe in Anspruch nehmen wollen. Im Bereich der (assistierten) Sterbehilfe ist die Situation nach wie vor unbefriedigend. Hinzu kommt, dass aus dem Bereich der Hospizverbände geradezu ein Gegensatz zwischen Sterbebegleitung und Sterbehilfe hergestellt wird. Tatsächlich sollte für alle Beteiligten das Selbstbestimmungsrecht der Betroffenen Maßstab allen Handelns sein. Und das schließt das selbstbestimmte Sterben mit ein.

Pflegen und gepflegt werden

Es sind Gedanken, die mehr oder weniger jeden von uns einmal heimsuchen: Wo und wie werde ich leben, wenn ich alt bin? Wer pflegt mich, wenn ich es selber nicht mehr kann? Doch eine Sorge, die uns noch viel früher trifft, ist diese: Wer versorgt meine Eltern, wenn sie es nicht mehr selber können? Wie lange können sie noch in ihrer Wohnung, ihrem Haus bleiben? Kann ich mich um sie kümmern? Wenn nicht – wer dann? Was kommt organisatorisch und finanziell auf mich und meine Geschwister zu? Wie kann ich mich vorbereiten?

Wenn Ihre Eltern Hilfe brauchen

Haben Sie nach einem Telefonat oder nach einem Besuch bei Ihren Eltern auch manchmal ein ungutes nagendes Gefühl? Die Sorge, dass sich alles ganz schnell ändern kann?

Die ersten Anzeichen für Pflegebedürftigkeit

Vielleicht war der nicht abgeschaltete Herd tatsächlich nur ein Einzelfall. Und die Hausschlüssel suchen wir ja tatsächlich täglich selber. Aber ist die Treppe nicht schon fast zu steil und zu gefährlich für ältere Leute? Ist das schimmelige Brot im Brotfach bereits ein Zeichen für Alzheimer? Wir wissen: Von heute auf morgen können unsere Eltern zum Pflegefall werden. Und dann sind wir gefragt.

Was ist das Beste für meine Eltern, wenn sie nicht mehr richtig für sich alleine sorgen können? Wer kann sie versorgen? Wo und wie können sie versorgt werden? Fragen, die Sie sich jetzt vielleicht stellen. Oftmals gehen diese Fragen mit einem schlechten Gewissen einher. Vielleicht wohnen Sie weit weg von Ihren Eltern. Vielleicht haben Sie eine eigene Familie und sind voll berufstätig. Wie, so fragen Sie sich, sollen Sie die Pflege Ihrer Eltern schultern?

WISO Tipp

Lassen Sie sich helfen! Nehmen Sie eine Beratung in Anspruch. Sie ist kostenlos und Sie haben einen Anspruch darauf. Diese bekommen Sie zum Beispiel bei der Deutschen Caritas, dem Paritätischen Wohlfahrtsverband oder dem Diakonischen Werk. In manchen Regionen gibt es spezielle Beratungs- und Koordinierungsstellen zur Förderung ehrenamtlicher Hilfe für ältere und behinderte Menschen und deren Angehörige, kurz Bekos genannt.

Es ist es gut, wenn Sie sich beizeiten Gedanken darüber machen. Aber auch wenn diese Pflegesituation Sie überraschend treffen sollte: Wir wollen Ihnen dabei helfen, den Überblick nicht zu verlieren und den bestmöglichen Weg für Sie und Ihre Angehörigen zu finden.

Kaum jemand verlässt freiwillig seine Wohnung und zieht in ein Alten- oder Pflegeheim um. Zu sehr lieben wir unsere vertraute Umgebung, zu groß ist die Angst vor Neuem und Unbekanntem. Meist steht also ganz am Anfang der Wunsch, Ihre Angehörigen in ihrem Haus zu pflegen oder pflegen zu lassen. Wenn das geht, ist das wunderbar. Aber ein Pflegeheim ist nicht notwendigerweise eine schlechtere Lösung.

Vieles hängt vom individuellen Zustand des zu Pflegenden ab, viel von anderen äußeren Umständen. Besprechen Sie sich außer mit Ihren Eltern auch mit Ihren Geschwistern und anderen der Familie nahestehenden Menschen. Zum Beispiel mit Personen, die eventuell in die Pflege miteinbezogen werden können: Verwandte, Freunde und Nachbarn. Bleiben Sie realistisch dabei, was Sie selber schaffen können. Finden Sie heraus, was möglich und machbar ist, und holen Sie sich dazu auch Rat bei Experten.

Hilfen bei der Pflege

Wenn Sie sich dazu entschließen, Ihre Angehörigen zu Hause zu pflegen, gibt es viele verschiedene Möglichkeiten, sich dabei helfen zu lassen. Manchmal ist es auch eine Kombination mehrerer Angebote, die für Sie das Richtige sein können.

Mögliche Pflegeleistungen

Ambulante Pflegedienste Dies sind Pfleger, die für bestimmte Hilfeleistungen wie zum Beispiel Unterstützung beim Waschen, Anziehen, Essen und eventuelle medizinische Versorgung ins Haus kommen.
Kurzzeitpflege Die Kurzzeitpflege bedeutet eine zeitlich begrenzte Aufnahme auf einer speziellen Kurzzeitpflegestation, die oft einem Krankenhaus angeschlossen ist.
Essen auf Rädern Die Lieferung von vorgekochtem, fertigem Essen, entweder warm und essfertig oder noch aufzuwärmen.
Tages-/Nachtpflege Eine Hilfsmaßnahme ergänzend zur häuslichen Pflege, bei der der zu Pflegende teilstationär aufgenommen wird.
Sachhilfsmittel/technische Hilfsmittel Diverse Hilfsmittel wie zum Beispiel ein Geländer, ein Duschsitz oder eine Notrufklingel.

Wer übernimmt die Kosten?

Seit 1995 ist die Pflegeversicherung in Kraft. Sie ist Teil der Sozialversicherung. Wenn Sie also gesetzlich krankenversichert sind, zahlen Sie in die Pflegekasse ein und sichern somit Ihr Risiko, irgendwann pflegebedürftig zu werden, ab.
Dennoch bietet die Pflegeversicherung Ihnen keinen lückenlosen Schutz, sondern kann nur unter bestimmten Voraussetzungen in Anspruch genommen werden. Denn die Leistungen, die gewährt werden, richten sich nicht nach den tatsächlichen Bedürfnissen der zu Pflegenden, sondern nach dem vorhandenen Budget. Das heißt, sie richteten sich nach dem, was die Versicherten einbezahlt haben. Mehr als diese Summe kann nicht verteilt werden. Das erklärt, dass das Pflegegeld nur selten die Gesamtkosten der notwendigen Pflege abdeckt.

Pflegegeld deckt nicht die Gesamtkosten der Pflege

Ob Sie beziehungsweise Ihre Angehörigen Pflegegeld erhalten und wie viel, richtet sich nach der Pflegestufe, in die der Betroffene eingestuft wird. Die Einstufung der Patienten wird vom MDK, dem Medizinischen Dienst der Krankenversicherung, durchgeführt. Damit entscheidet sich, ob und wie viele Leistungen dem Pflegebedürftigen von der Pflegekasse finanziert werden. Der MDK begutachtet dabei, inwiefern der zu Pflegende Hilfe braucht. Dies wird für drei Bereiche überprüft. Diese drei Bereiche bezeichnet man auch als »Grundpflege«. Dazu gehören:

Elemente der Grundpflege

Grundpflege
Mobilität: zum Beispiel das Aufstehen aus dem Bett und das Zubettgehen, das Verlassen und Wiederbetreten der Wohnung, das An- und Ausziehen der Kleidung, das Gehen, Stehen und Treppensteigen.
Körperpflege: zum Beispiel Waschen, Zähneputzen, Kämmen, Duschen oder Baden, der Toilettengang, Eincremen zur Erhaltung einer gesunden Haut sowie Maßnahmen, um Druckstellen (Dekubitus) zu verhindern.
Ernährung: Essen und Trinken. Genauer: das Zubereiten und mundgerechte Zerkleinern und Aufnehmen der Nahrung.

Pflegestufen

Grundsätzlich wird in fünf Pflegestufen eingeteilt:

Pflegestufe 0 Dazu gehören Menschen mit geringem Pflegebedarf, wenn auch mit Einschränkungen im hauswirtschaftlichen Bereich.

WISO Tipp

Wenn der tägliche Pflegeaufwand unter 90 Minuten bleibt, ist die Einstufung in Pflegestufe I nicht möglich. Es wird kein Pflegegeld bezahlt. Dennoch besteht vielleicht ein Anspruch auf Zuschüsse vom Sozialamt. Das regelt allerdings jede Stadt oder Gemeinde unterschiedlich. Erkundigen Sie sich bei der für Sie zuständigen Stelle!

Pflegestufe I In Pflegestufe I stuft man Menschen ein, die erheblich pflegebedürftig sind. Nach den Richtlinien des MDK heißt das: Sie brauchen mindestens einmal täglich Hilfe bei wenigstens zwei Verrichtungen in einem oder mehreren der Bereiche Mobilität, Körperpflege und Ernährung. Zusätzlich benötigen sie mehrfach in der Woche Hilfe bei der hauswirtschaftlichen Versorgung. Insgesamt muss der tägliche Zeitaufwand im Wochendurchschnitt mindestens neunzig Minuten betragen.

Beispiel
Ihre Mutter kann sich aufgrund fortgeschrittener Arthrose nicht mehr bücken oder die Arme über Schulterhöhe strecken. Somit kann sie sich nicht mehr alleine anziehen und auch das Duschen schafft sie nicht alleine. Außerdem kann sie ihre Wohnung nicht mehr putzen oder eine schwere Einkaufstasche tragen.

Pflegestufe II Dazu gehören Menschen, die schwer pflegebedürftig sind. Nach den Kriterien des MDK bedeutet das: Sie brauchen mindestens dreimal am Tag zu verschiedenen Tageszeiten Hilfe bei der Ernährung, der Körperpflege und der Mobilität und zusätzlich mehrfach in der Woche Hilfe bei der hauswirtschaftlichen Versorgung. Der Zeitaufwand insgesamt muss drei Stunden täglich erfordern, davon zwei Stunden bei den Grundpflegebereichen.

Beispiel
Ihr Vater hatte einen Schlaganfall und ist nun halbseitig gelähmt. Sowohl bei der Körperpflege und dem Toilettengang wie auch dem Ankleiden und beim Essen braucht er Hilfe. Auch die hauswirtschaftlichen Tätigkeiten muss größtenteils jemand anders übernehmen.

Pflegestufe III Laut MDK handelt es sich hierbei um Menschen, die schwerstpflegebedürftig sind. Hierzu gehören diejenigen, die mindestens dreimal täglich zu verschiedenen Zeiten für wenigstens zwei Verrichtungen aus einem oder mehreren Bereichen Hilfe benötigen. Zusätzlich müssen sie regelmäßig auch in der Nacht Hilfe bei einer Verrichtung benötigen. Der Zeitaufwand muss mindestens fünf Stunden betragen, davon vier bei der Grundpflege.

Beispiel
Ihre Angehörige hat eine Krebserkrankung im fortgeschrittenen Stadium. Dadurch ist ihr Körper insgesamt stark geschwächt, wichtige Lebensfunktionen wie Atmung und Kreislauf sind in akuter Gefahr. Sie braucht in allen Bereichen Hilfe, auch für einen nächtlichen Toilettengang.

Pflegestufe IV Diese Pflegestufe ist keine offizielle. Sie gilt für die Härtefälle aus der Pflegestufe III. Es sind Menschen, deren Hilfsbedarf weit über die von Pflegestufe III gewährten Maßnahmen hinausgeht. Voraussetzung ist ein Hilfebedarf von wenigstens sechs Stunden am Tag, ebenso dreimal in der Nacht. Es werden mehrere Pflegepersonen gleichzeitig benötigt. Für diese Einstufung gibt es Härtefallrichtlinien.

Beispiel
Wachkomapatienten, Krebs- oder Aidspatienten im Endstadium ihrer Krankheit, Menschen mit Querschnittslähmungen oder Lähmungen an allen vier Gliedmaßen.

Wenn Ihre Angehörigen nur Hilfe im hauswirtschaftlichen Bereich benötigen, jedoch in den Bereichen Mobilität, Körperpflege und Ernährung noch weitgehend selbstständig sind, gehören sie in die Pflegestufe 0. Das heißt, sie haben kein Anrecht auf Pflegegeld. Sie sind im Sinne der Pflegeversicherung nicht pflegebedürftig. In diesem Fall sollten Sie überlegen, ob eine Haushaltshilfe sinnvoll sein kann. Sie muss allerdings selbst finanziert werden.

Kriterien der Pflegebedürftigkeit

Pflegebedürftig im Sinne des Pflegegesetzes ist weiterhin nur derjenige, der mindestens sechs Monate lang diese Hilfe brauchen wird. Ein kurzfristiger Bedarf zählt nicht. Er muss dauerhaft sein oder aber mindestens für ein halbes Jahr medizinisch prognostiziert werden.

Bei dem Kriterium der Dauerhaftigkeit gibt es eine Ausnahme. Das sind Menschen mit nur noch geringer Lebenserwartung. Wenn sich der Gesundheitszustand Ihres Angehörigen rapide verschlechtert, eine plötzliche schwere Krankheit auftritt, ein Schlaganfall oder ein Unfall – wenn also die Lebenserwartung plötzlich weniger als ein halbes Jahr beträgt – wird die Pflegedürftigkeit anerkannt, wenn die Bedingungen für eine der oben genannten Pflegestufen erfüllt werden.

Diese Einstufung mit ihren so sperrigen und sachlichen Kriterien mag Ihnen vielleicht manchmal kleinlich und arg bürokratisch erscheinen. Doch letztlich soll sie dazu dienen, nach einheitlichen Anhaltspunkten möglichst gerecht zu beurteilen, wer Pflege braucht und wie viel. Für Sie als Angehöriger ist es wichtig, diese Kriterien zu kennen. Denn dann können Sie die Beurteilung Ihrer Angehörigen durch den Medizinischen Dienst der Krankenversicherungen besser verstehen und vielleicht sogar beeinflussen. Zumindest können Sie verhindern, dass ein falscher Eindruck entsteht und dadurch eine unangemessene Beurteilung vorgenommen wird.

Fast jeder dritte Antrag auf Pflege wird von den Pflegekassen abgelehnt. Wir wollen Ihnen helfen, alles zu tun, damit Ihr Angehöriger in die richtige Pflegestufe kommt und damit die bestmögliche Pflege erhält.

Der richtige Zeitpunkt für den Pflegeantrag

Wichtig ist, dass Sie den Antrag auf Pflegebedarf so schnell wie möglich stellen, also sobald diese Situation eintritt. Das Datum ist entscheidend für die Hilfestellung, die Ihnen und Ihren Angehörigen gewährt wird. Ist Ihr Angehöriger bereits pflegebedürftig, der Antrag aber noch nicht eingereicht, bekommen Sie das Pflegegeld nicht rückwirkend ausgezahlt.

Pflegeantrag stellen

Ihr Angehöriger kann den Antrag selbst stellen. Auch Sie können es tun, aber nur dann, wenn Sie bevollmächtigt sind. Bei geschäftsunfähigen Menschen oder bei geistig Behinderten muss der Antrag vom Betreuer eingereicht werden.

Wie stellt man einen Pflegeantrag?

Zögern Sie den Antrag nicht hinaus, zumal er völlig formlos gestellt werden kann. Sie brauchen weder ein ärztliches Attest noch eine ausführliche Begründung vorzulegen.

Es reicht ein Anruf oder eine schriftliche Nachricht an die Pflegekasse mit den Worten: »Ich bin pflegebedürftig, daher beantrage ich Leistungen aus der Pflegekasse.« Bewahren Sie eine Kopie des Antrags auf, notieren Sie sich das Datum und im Falle eines Telefonats auch den Namen des Sachbearbeiters bei der Kasse, denn dieses Datum ist ausschlaggebend dafür, ab wann die Zahlungen geleistet werden.

Sie bekommen dann von der Pflegekasse ein offizielles Formular zugeschickt, das Sie ausgefüllt zurücksenden. Damit verschiebt sich das Datum der Antragstellung jedoch nicht mehr.

Laut Gesetz sollten zwischen Antrag und Begutachtung nicht mehr als fünf Wochen verstreichen. Einklagen können Sie dies jedoch nicht. Falls Sie nach mehreren Wochen noch keine Rückmeldung erhalten haben, sollten Sie in jedem Fall bei der Pflegekasse nachfragen.

Ein abweichender Zeitplan gilt, wenn Ihr Angehöriger direkt aus dem Krankenhaus entlassen wird. In diesem Fall muss die Begutachtung nämlich innerhalb einer Woche erfolgen. Oft wird dann nur nach Aktenlage entschieden. Das heißt, ein Besuch des Gutachters muss nicht unbedingt erfolgen.

Einstufung durch den MDK

Nachdem Sie oder Ihr Angehöriger den Antrag gestellt haben, wird sich der MDK, der Medizinische Dienst der Krankenkassen, zu einem Besuch anmelden. Dabei will er feststellen, welche Art von Hilfe und in welchem Umfang sie der Patient benötigt.

Beurteilung der Pflegebedürftigkeit durch den MDK

Bevor der MDK zur Begutachtung kommt, sollte er sich rechtzeitig und schriftlich anmelden. Es handelt sich dabei um ausgebildete Pflegekräfte, Krankenschwestern oder Ärzte. Es ist sinnvoll, dass Sie als Angehöriger nicht nur bei diesem Termin dabei sind, sondern sich auch darauf vorbereiten.

Der Besuch findet bei Ihrem zu pflegenden Angehörigen zu Hause statt. Der Medizinische Dienst möchte also sehen, wie Ihr Angehöriger dort zurechtkommt, wobei er Hilfe benötigt und wie lange die verschiedenen Verrichtungen dauern.

Warum ist es ist wichtig, dass Sie bei diesem Besuch dabei sind? Ihre Mutter oder Ihr Vater haben vielleicht selbst oft nicht mehr den Überblick, was sie am Tag so alles tun. Vielleicht fällt es Ihren Angehörigen auch schwer, zu beurteilen, was sie tatsächlich noch alleine erledigen können. Außerdem unterstützen Sie durch Ihre Anwesenheit auch den Eindruck, dass Sie Ihren Angehörigen nicht alleine lassen. Der Gutachter sieht: Sie kümmern sich. Ganz offensichtlich braucht der oder die Angehörige also Hilfe.

Der MDK bekommt Ihre Angehörigen nur in einer Momentaufnahme zu sehen. Vielleicht ist es auch ein untypischer »guter« Tag. Sie können dazu beitragen, das Bild »umfassend« zu machen« – oder aber auch, es »geradezurücken«.

Denn auf so etwas müssen Sie gefasst sein: Vor dem Mitarbeiter des Medizinischen Dienstes erzählt Ihre Mutter fröhlich von dem köstlichen Rinderbraten mit Rotkohl, den sie sonntags gern macht, und von Essen, zu denen sie die Nachbarn einlädt. Sie sind erstaunt. Denn eigentlich mag Ihre Mutter sich schon längst selber nichts mehr kochen, weil sie Dosen und Flaschen alleine nicht mehr öffnen kann oder es ihr schwerfällt, sich nach bestimmten Kochutensilien in den unteren Schrankfächern zu bücken.

WISO Tipp

Führen Sie ein Pflegetagebuch! Notieren Sie zum Beispiel, wie lange Ihr Angehöriger braucht, um sich zu waschen, die Zähne zu putzen oder sich an- und auszuziehen. Viele Dinge erledigen Sie ganz selbstverständlich für Ihren Angehörigen und vergessen sie dann. Ein Pflegetagebuch, das Sie vor dem Besuch des MDK führen, hilft Ihnen und Ihrem Angehörigen, den Überblick zu behalten. Sie bekommen Pflegetagebücher zum Beispiel beim Sozialverband VdK Deutschland, beim Kuratorium Deutsche Altershilfe oder Ihrer Krankenkasse.

Ältere Leute möchten oft gern beweisen, dass sie noch gut alleine zurechtkommen. Eine Frage der Ehre! Dann ist es an Ihnen, dieses Bild zurechtzurücken und eventuell nachzuhaken. Inkontinenz beispielweise kann ein peinliches Thema für Ihren Angehörigen sein und er wird es vermeiden, darüber zu sprechen. Doch es ist eines der Dinge, die besonders viel Hilfe und auch Zeit erfordern. Daher ist es auch wichtig, alle diese Punkte vor dem Gutachter zu erwähnen. Sie dienen dem Medizinischen Dienst als wichtiger Indikator für die Einstufung.

Der MDK soll sich ein realistisches Bild darüber verschaffen, was der zu Pflegende noch kann. Sie sollen also nichts dramatisieren, aber eben auch nichts beschönigen. Wenn Ihre Mutter gern Blusen trägt, muss sie an diesem Tag des Gutachtens also nicht extra die bequeme Sporthose und knopflose Kleidung tragen. Es

verzerrt die Realität, weil sie sonst viel mehr Zeit benötigt, um sich anzukleiden.
Halten Sie beim Besuch des MDK auch alle notwendigen Unterlagen bereit. Dazu gehören ärztliche Befunde und Berichte, Aufstellungen benötigter Medikamente sowie gegebenenfalls die Pflegedokumentation bereits tätiger Pflegedienste. Falls bereits ein Pflegedienst in die Pflege einbezogen ist, sollten Sie auch diese Mitarbeiter zu dem Termin dazubitten.

Auslandsbegutachtungen

Ihre Eltern haben schon vor Jahren beschlossen, ihren Ruhestand in der Sonne zu genießen, und leben in Spanien oder einem anderen Land des Europäischen Wirtschaftsraums oder der Schweiz? Wenn sie bei einer deutschen Pflegekasse versichert sind – kein Problem! Die Begutachtung wird dann auch an der Costa Blanca, in Como oder Cannes durchgeführt. Ihre Eltern müssen auch in diesem Fall ganz einfach den Antrag auf Pflegebedürftigkeit bei der Kasse stellen. Diese kümmert sich dann um die Durchführung der Begutachtung.

Pflegegutachten

Der MDK wird nach seinem Besuch ein Gutachten erstellen, in dem steht, bei welchen Verrichtungen Hilfe erforderlich ist und welche anrechenbar sind. Daraufhin nimmt die Krankenkasse eine Einstufung innerhalb der Pflegestufen vor und schickt den Bescheid an den Antragsteller zurück.
Es hat keinen Sinn, den Gutachter bei seinem Besuch nach der Einstufung zu fragen. Er ist nicht derjenige, der darüber entscheidet.

Einstufungsbescheid

Nach einiger Zeit erhalten Sie oder Ihr Angehöriger per Post den Einstufungsbescheid. Es ist kein Geheimnis: Oftmals kommen der MDK und die Angehörigen zu unterschiedlichen Urteilen darüber, wie viel Hilfe der Pflegebedürftige bekommen sollte. Dann sollten Sie oder Ihr Angehöriger Widerspruch einlegen.

WISO Tipp

Lassen Sie die Monatsfrist für den Widerspruch nicht verstreichen! Wenn Sie noch Argumente sammeln möchten oder sich mit dem Arzt oder einer Pflegefachkraft besprechen wollen, legen Sie zunächst einfach nur den Widerspruch ein. Die Begründung können Sie später nachreichen (siehe Musterbrief). Studien belegen, dass viele Widersprüche erfolgreich sind. Lassen Sie sich also nicht entmutigen!

Die Frist dafür beträgt einen Monat, gerechnet ab der Zustellung des Bescheides.
Beachten Sie, dass Ihr Widerspruch sich nicht gegen das Gutachten des MDK richtet, sondern gegen den Bescheid der Pflegekasse. Bei ihr muss also der Widerspruch eingehen.

Musterbrief

Name
Absender

An die Pflegekasse NN

Datum

Widerspruch gegen den Bescheid vom (Datum)

Sehr geehrte Damen und Herren,

gegen Ihren Bescheid vom (Datum) erhebe ich Widerspruch.
Mit der Einstufung in die Pflegestufe x/ Mit der Ablehnung der Pflegebedürftigkeit bin ich nicht einverstanden.

Die Begründung dafür reiche ich nach.

Mit freundlichen Grüßen
xx xxx

Widerspruch einlegen

Prüfen Sie den Einstufungsbescheid

Ihr Vater braucht dringend Hilfe, für Sie ist seine Pflegebedürftigkeit offensichtlich – und doch haben Sie einen negativen Bescheid von der Pflegekasse erhalten. Was ist passiert? Vielleicht wurden die Mindestanforderungen tatsächlich nicht erreicht, vielleicht gab es Missverständnisse oder aber es wurden Fehler gemacht, zum Beispiel wichtige Details vergessen. Keinesfalls sollten Sie sich gleich entmutigen lassen.

Fordern Sie eine Kopie des Gutachtens an, prüfen Sie es und damit auch die Gründe, die dort für die Ablehnung des Antrags angegeben wurden. Dann können Sie den ausführlichen Widerspruch formulieren.
Das klingt nach Arbeit – und ist es auch. Aber nur wenn Sie an dieser Stelle akribisch sind, haben Sie eine Chance auf Erfolg. Der aber macht im Zweifel eine Menge hilfreicher finanzieller Unterstützung aus. Überprüfen Sie:

- Wurden bestimmte Verrichtungen, die Ihre Mutter/Ihr Vater nicht mehr alleine bewältigen kann, vergessen?
- Wurden Zeiten falsch berechnet?
- Hat sich der Hilfsbedarf in der Zwischenzeit wesentlich verändert?

Besprechen Sie die Situation auch mit dem zuständigen Hausarzt und/oder einer Fachpflegekraft.
Geht der Widerspruch der Pflegekasse zu, wird er an den Erstgutachter weitergeleitet. Der überprüft, ob er aufgrund der zusätzlichen Informationen oder Unterlagen zu einem anderen Urteil kommen kann. Wenn das nicht der Fall ist, wird ein neues Gutachten erstellt – von einem zweiten Gutachter. Dazu ist dann ein erneuter Hausbesuch nötig.
Kommt die Kasse auch nach dem Zweitgutachten zu keinem neuen Ergebnis, bleibt Ihnen nur die Klage vor dem Sozialgericht. Pflegebedürftige, die mit ihrer Einstufung nicht einverstanden sind, gibt es viele. Und für eine Klage spricht immerhin, dass vor Gericht ein Drittel aller Klagen anerkannt wird.
Allerdings muss man auch sagen: Man braucht einen langen Atem, denn der Zeitaufwand ist erheblich. Wegen der vielen Klagen und Widersprüche sind Kassen und MDK überfordert.

WISO Tipp

Sie sind mit der Einstufung einverstanden und wollen daher auch gar nicht rechtlich gegen die Entscheidung der Pflegekasse vorgehen? Lassen Sie sich dennoch das Pflegegutachten vorlegen. Der Pflegebedürftige hat ein Recht darauf und Sie erhalten einen guten Überblick über die empfohlenen Maßnahmen. Gesetzlich Pflegeversicherte müssen das Gutachten bei ihrer Pflegekassen anfordern. Privat Versicherte sollten ihren Arzt darauf ansprechen – er bekommt es zugeschickt.

Widerspruch bei einem privaten Versicherer

Anders als bei den gesetzlichen Pflegekassen gibt es bei privaten Versicherern kein Widerspruchsverfahren. Das bedeutet, dass der Pflegebedürftige sofort vor dem Sozialgericht klagen muss. Bevor Sie dies tun, teilen Sie dem Versicherer mit, dass und warum Sie die Entscheidung oder Einstufung für falsch halten. Oftmals wird er einverstanden sein, ein zweites Gutachten einzuholen. Bleibt es bei seiner Entscheidung, können Sie immer noch die Klage einreichen.

Änderung des Zustands des zu Pflegenden

Der MDK war bei Ihrer Mutter und Sie beide haben den Besuch gut hinter sich gebracht. Während Sie darauf warten, dass Ihr Antrag bearbeitet wird und der Bescheid an Sie verschickt wird, verschlechtert sich der Zustand Ihrer Mutter deutlich. Was ist zu tun? Stellen Sie in diesem Fall sofort einen neuen Antrag auf Änderung der Einstufung, auch wenn über den ersten noch nicht entschieden wurde. Rückwirkend ab dem Zeitpunkt der Antragstellung erhält sie dann die Leistungen, die sich aus der neuen Einstufung ergeben.

Leistungen der Pflegeversicherung

Geld-, Sach und Dienstleistungen der Pflegeversicherung

Die Pflegeversicherung kann laut Gesetz unterschiedliche Leistungen gewähren, und zwar einzeln oder kombiniert. Sie richten sich nach der Schwere der Pflegebedürftigkeit und der Art der Pflege. Es wird unterschieden zwischen Geld- und Sachleistungen sowie Dienstleistungen. Zu den Leistungen gehören:

Leistungen
Sachleistungen
Technische Hilfsmittel
Pflegegeld (für selbst organisierte Pflegehilfe)
Geld- und Sachleistungen kombiniert
Tages- und Nachtpflege
Häusliche Pflege, wenn der Angehörige oder der Pflegende verhindert ist
Kurzzeitpflege
Vollstationärer Pflegebedarf
Pflegekurse für Pflegende
Leistungen zur sozialen Sicherung der Pflegepersonen

Selber pflegen

Ihre Mutter fühlt sich in ihren eigenen vier Wänden am wohlsten und Sie selber wohnen nicht allzu weit entfernt. Sie möchten ihr gern ermöglichen, so lange wie es geht in ihrer Wohnung zu bleiben, und haben ausreichend Zeit, sich selbst um sie zu kümmern. Oder aber Ihre eigene Wohnung ist groß genug, dass Sie Ihre Mutter zu sich nehmen und sie bei sich zu Hause pflegen können. Wir sagen Ihnen, was Sie in diesem Fall beachten müssen.

Zunächst: Ihre Entscheidung verdient Respekt. Die Pflege eines Menschen bringt neue Erfahrungen und schöne Erlebnisse, kann Menschen einander näherbringen, doch es kann auch extrem körperlich und seelisch anstrengen und belasten.

Auch wenn die Menschen in Ihrer Umgebung diese Lösung als naheliegend und selbstverständlich ansehen: Wichtig ist, dass beide – sowohl Sie als auch Ihr Angehöriger – diese Pflege zu Hause wollen. Stellen Sie sich also vorher ein paar wesentliche Fragen:

Will ich Angehörige selber pflegen?
Wie ist meine Beziehung zur Pflegeperson?
Wie stehen wir zueinander?
Welche Motivation habe ich, die Pflege zu übernehmen? Ist es Liebe, Dankbarkeit oder Pflichtgefühl?
Gibt es Widerstände, Gründe für Ablehnung?
Wie gut kann der Hilfsbedürftige seine Situation annehmen?
Kann und will er/sie meine Hilfe annehmen?

Wenn Sie sich entschlossen haben, Ihre Mutter, Ihren Vater oder einen anderen Angehörigen selbst zu pflegen, egal ob bei Ihnen zu Hause oder in dessen Wohnung, steht Ihnen als Leistung der Pflegekasse ein Pflegegeld zu.

Das Pflegegeld beträgt zum Stand 1. Januar 2012 monatlich

Leistungen für Pflege zu Hause

Pflegestufe I	235 Euro
Pflegestufe II	440 Euro
Pflegestufe III	700 Euro

WISO Tipp

Beziehen Sie möglichst alle Familienmitglieder oder nahestehenden Personen mit ein. Verteilen Sie Aufgaben! Auch ältere Kinder können helfen: Ein Abendessen zubereiten oder Einkäufe übernehmen. Stimmen Sie sich mit weiter entfernt lebenden Verwandten ab: Sie können vielleicht die Betreuung während Ihres Urlaubs übernehmen.

Dieser Betrag wird übrigens nicht nur Angehörigen, sondern jedem nicht professionellen, ehrenamtlich arbeitenden Pflegenden monatlich ausgezahlt. Es können also auch Freunde oder Nachbarn die Pflege übernehmen und dann aus der Pflegekasse bezahlt werden.

Pflege kann man vielleicht mit einem Dauerlauf vergleichen – im Gegensatz zu einem Sprint oder Endspurt. Daher ist es wichtig, möglichst viele Menschen in die Pflege miteinzubeziehen. Am besten ist es, wenn Sie eine Hilfsstruktur aus Menschen und Unterstützungsangeboten zusammenstellen – und zwar gleich zu Beginn der Pflegesituation.

Von der Pflegekasse sollte Ihnen ein Berater – manchmal auch »Fallmanager« genannt – zur Seite gestellt werden. Er hilft Ihnen bei der Vermittlung von Pflegediensten oder bei der Auswahl eines Pflegeheims. Wenn Sie die Pflege doch zu Hause übernehmen wollen, erklärt er Ihnen, welche Hilfsmittel wo zu erhalten sind oder wo Sie einen Pflegekurs machen können. Sie können mit dem Pflegeberater oder der Pflegeberaterin auch einen Termin bei sich zu Hause ausmachen, wenn dort die Pflege stattfinden soll.

Pflegekurs

WISO Tipp

Suchen Sie das Gespräch mit gleichfalls Betroffenen in lokalen Selbsthilfegruppen. Es hilft, Sorgen zu teilen und den einen oder anderen Tipp zu bekommen.

Ein Pflegekurs gleich zu Beginn der Pflegesituation ist sinnvoll. Er wird nicht nur dem zu Pflegenden zugutekommen, sondern auch Ihnen. Durch das Erlernen der Techniken zum richtigen Heben und Tragen schonen Sie von vornherein Ihren Rücken. Außerdem lernen Sie in dem Kurs bereits andere Menschen in der gleichen oder einer ähnlichen Situation kennen. Dieser Austausch kann Ihnen auch psychisch helfen.

Die Pflege eines Angehörigen erfordert viel Kraft. Vielleicht manchmal mehr, als Sie haben. Das ist nichts, dessen Sie sich schämen sollten. Es hilft Ihrem Angehörigen nichts, wenn Sie sich überfordern und Ihre eigene Gesundheit aufs Spiel setzen.

Nach wie vor sind es meist Frauen, Töchter, Schwiegertöchter und Enkelinnen, welche die Pflege übernehmen. Viele von ihnen sind bereits über 65 Jahre alt, wenn sie die Pflege eines Angehörigen übernehmen. Wenn sie alles alleine leisten wollten, ist das körperlich und seelisch extrem anstrengend.

Unfallversicherung

Während Sie Ihrem Vater das Abendessen zubereiten, rutschen Sie in der Küche aus und brechen sich den Knöchel. Wie sind Sie in diesem Fall versichert? Auch als ehrenamtlichem Pfleger stehen Ihnen alle gesetzlichen Leistungen der Unfallversicherung zu, wenn Sie sich während dieser Tätigkeit verletzen. Wichtig ist: Teilen Sie dem Arzt, der Sie zuerst behandelt, gleich mit, dass der Unfall bei der ehrenamtlichen Pflege passiert ist, damit er das entsprechende Verfahren einleiten kann. Auch der Pflegekasse müssen Sie den Unfall melden.

Pflegezeit

Unsere Eltern haben uns aufgezogen, erzogen und waren generell für uns da. Ein schreckliches Gefühl, wenn man ihnen diese Fürsorge nicht genauso zukommen lassen kann, wenn sie alt sind und nicht mehr selbst für sich sorgen können. Aber nicht immer ist das zu bewerkstelligen in unserer heutigen Arbeitswelt. Wie können Sie Ihre Arbeit und die Pflege eines Angehörigen vereinbaren? Die Bundesregierung hat auf den Wunsch und die Not vieler Menschen reagiert und ein Gesetz zur Pflegezeit verabschiedet.

Gesetz zur Pflegeversicherung – Ihre Rechte als Pflegender

Für den Zeitraum von sechs Monaten können Sie unbezahlt von Ihrer Arbeit freigestellt werden, wenn Sie einen Ihnen nahestehenden Menschen bei sich oder bei ihm zu Hause pflegen wollen. Die Voraussetzung: Der Angehörige muss mindestens in Pflegestufe I eingestuft sein und der Betrieb, für den Sie arbeiten, muss mindestens fünfzehn Beschäftigte haben. Mindestens zehn Tage vorher müssen Sie Ihrem Chef ankündigen, dass Sie Pflegezeit nehmen wollen.
Ihre Mutter braucht Sie, aber der Pflegeaufwand hält sich für Sie in überschaubarem Rahmen. Sie möchten daher für die Pflege nicht ganz aufhören zu arbeiten, sondern nur zum Teil? Dann können Sie über einen Zeitraum von höchstens zwei Jahren Ihre Arbeitszeit auf bis zu fünfzehn Stunden reduzieren. Allerdings haben Sie darauf keinen Rechtsanspruch. Das heißt, Sie müssen dies mit Ihrem Arbeitgeber vereinbaren, und er kann Ihren Wunsch – zum Beispiel aus betrieblichen Gründen – auch ablehnen.
Eine mögliche Vereinbarung mit dem Betrieb: Sie wollen nur noch halb so viel arbeiten und die andere Hälfte der Zeit für die Pflege Ihrer Mutter nutzen. Dann erhalten Sie 75 Prozent des

WISO Tipp

Die Vereinbarungen, die Sie mit Ihrem Arbeitgeber über Verringerung und Verteilung der Arbeitszeit treffen, sollten Sie in jedem Fall schriftlich festhalten.

Bruttogehalts. Wenn Sie nach der Pflegezeit wieder Vollzeit arbeiten, erhalten Sie ebenfalls 75 Prozent Ihres Lohns – so lange, bis Ihr Zeitkonto wieder ausgeglichen ist beziehungsweise Ihr Vorschuss abgearbeitet ist. Lassen Sie sich auch hier individuell an einem Pflegestützpunkt oder von Fachleuten beraten.
Natürlich kann es sein, dass Ihr Arbeitgeber alles andere als begeistert ist, Sie als Vollzeit-Mitarbeiter zu verlieren. Schließlich beziehen Sie während der Pflegezeit ein höheres Gehalt, als es Ihrer tatsächlichen Arbeitszeit entspricht. Das bedeutet eine Art Gehaltsvorschuss. Auch wenn Sie den später ja wieder abarbeiten, könnte es ein Problem für Ihren Arbeitgeber darstellen.

Familienpflegezeitkredit

Hilfreich kann hier ein Angebot der KfW, der Kreditanstalt für Wiederaufbau, sein: der zinslose Familienpflegezeitkredit des Bundesamtes für Familie und zivilgesellschaftliche Aufgaben (BAFzA). Damit kann die Firma die Gehaltsvorschüsse, die sie Mitarbeitern aufgrund von Pflegezeiten gewährt, finanzieren. Diese Art der Unterstützung für Unternehmen gibt es seit Anfang 2012. Mehr Informationen finden Sie unter: www.familien-pflege-zeit.de.

Pflegehilfsmittel und barrierefreies Bauen

Als Ihre Eltern möglicherweise in den 1970er-Jahren ein Einfamilienhaus bauten, dachten sie natürlich noch nicht an eine behindertengerechte Ausstattung. Ein Thema, das damals ganz weit weg war. Jetzt bergen gerade diese betagten Häuser und Wohnungen etliche Probleme für ihre ebenfalls gealterten Bewohner. Zu enge Türen, durch die kein Rollstuhl passt, viele Treppen, enge Treppenhäuser, die Dusche in der Ecke und die Gästetoilette im Keller. Gerade das Schlaf- und das Badezimmer werden beim Pflegen zu einem zentralen Ort, sodass viele der Maßnahmen hier angesiedelt sind.
Sicher graut es Ihnen vor größeren Umbauten, doch keine Angst: Man kann schon mit einigen kleineren Einrichtungen und Maßnahmen dort Wesentliches verbessern.
Auch dabei steht dem Pflegebedürftigen Hilfe vonseiten der Pflegekasse zu. Auch die Kassen haben ein Interesse daran, dass Pflegebedürftige so lange wie möglich daheim gepflegt werden. Nach dem Motto: Ambulant vor stationär – denn ein Pflegeplatz im Heim ist immer wesentlich teurer.

Kostenübernahme bei Pflegehilfsmitteln

Die Hilfsmittel oder bauliche Maßnahmen müssen bei der Pflegekasse gesondert beantragt werden. Die Kasse prüft die Notwendigkeit und kann Ihnen die Hilfsmittel entweder leihweise zur Verfügung stellen oder aber die Anschaffung bezahlen. Bei technischen Hilfsmitteln muss sich der Versicherte mit 10 Prozent, maximal 25 Euro, an den Kosten beteiligen. Bei baulichen Veränderungen wie einer Verbreiterung von Türen, dem Anbringen von Handläufen oder der Überbrückung von Schwellen übernimmt die Kasse Kosten bis zu einer Obergrenze von 2557 Euro. Auch hier müssen 10 Prozent der Kosten von Ihnen getragen werden. Diese Summe darf allerdings die Hälfte der monatlichen Bruttoeinnahmen zum Lebensunterhalt nicht übersteigen.
Bei den zum Verbrauch bestimmten Pflegehilfsmitteln tragen die Pflegekassen die Kosten bis zu einem Höchstbetrag von 31 Euro monatlich. Den Rest müssen Sie selber tragen. Ausnahmen sind jedoch möglich. Pflegehilfsmittel müssen nicht vom Arzt verordnet werden.

Beispiele für Pflegehilfsmittel

Pflegekassen können unter gewissen Voraussetzungen finanziell dabei helfen, die Wohnung so umzubauen oder mit bestimmten Einrichtungen zu versehen, dass die Pflege leichter fällt.

Pflegebett Sicher gehört ein gutes Pflegebett zu den dringendsten und sinnvollsten Anschaffungen. Wenn Sie Ihren Angehörigen täglich in einem normalen niedrigen Bett waschen, an- und ausziehen und auch umlagern, tut das Ihren Bandscheiben alles andere als gut. Auch wenn sich viele Pflegebedürftige mit dem Gedanken an ein Pflegebett schwertun – es sprechen viele Gründe dafür: Kopf- und Fußteil können beliebig verändert werden und das Aufrichten im Bett zum Essen und Trinken geschieht mit technischer Unterstützung leichter und ohne Kraftaufwand. Um zu verhindern, dass der zu Pflegende aus dem Bett fällt, können an einem Pflegebett seitlich Gitter angebracht werden. Die Steuerung können Ihre Mutter oder Ihr Vater auch selbst vom Bett aus übernehmen.
Natürlich verändert so ein Pflegebett die Optik eines Schlafzimmers. Mittlerweile aber sehen Pflegebetten nicht mehr aus wie Betten in Krankenhäusern, sondern sind auch aus Holz erhältlich. Lassen Sie sich in Sanitätsfachgeschäften beraten.

WISO Tipp

Oft ist das Badezimmer einfach nur zu eng. Eine Möglichkeit, Abhilfe zu schaffen, ist, den vorhandenen Waschtisch, der meist eine Tiefe von 60 Zentimetern hat, gegen einen von 45 Zentimetern Tiefe auszutauschen.

Duschsitz/-stuhl Wenn Ihre Mutter oder Ihr Vater noch selbstständig in die Dusche kommen, kann es ihnen dennoch zu anstrengend sein, lange zu stehen, ohne sich festhalten zu können. Ein an der Wand befestigter ausklappbarer Sitz oder ein Duschhocker, der sicher auf Gummikappen steht, kann die Körperpflege erheblich erleichtern. Hier sind mittlerweile viele verschiedene Modelle auf dem Markt. Außer Sicherheit bedeutet so ein Duschsitz auch Zuversicht für den zu Pflegenden. Er traut sich ein Duschbad alleine wieder eher zu.

Badewannenlifter Wie gerne würde Ihre Mutter mal wieder baden! Doch mit Schaudern erinnert sie sich an die Geschichte der alten Nachbarin, die stundenlang in der kalten Wanne saß und nicht mehr rauskam. Davor schützt ein Badewannenlifter, der automatisch hoch- und runtergefahren werden kann. Zwar muss Ihre Mutter noch selbstständig oder auch mit Ihrer Hilfe auf den Sitz gelangen, aber das mühselige Hochstemmen aus der niedrigen Wanne fällt weg.

Kriterien für einen Treppenlift

Treppenlift Bad und Schlafzimmer im ersten Stock, Küche und Wohnzimmer im Erdgeschoss – das ist die übliche Aufteilung in einem Einfamilienhaus. Vielleicht auch im Haus Ihrer Eltern. Und nun stellt die Treppe ein entscheidendes Hindernis dar. Schließlich sollen Ihr Vater oder Ihre Mutter nicht den gesamten Tag im Schlafzimmer verbringen. Wenn aber nicht genügend Platz für einen Badausbau im Erdgeschoss vorhanden ist, ist ein Treppenlift eine bequeme, leider aber auch recht teure Lösung. Die Pflegekassen übernehmen den Einbau nicht, doch bezahlen sie manchmal einen Zuschuss im Zusammenhang mit Maßnahmen zur Wohnraumanpassung.

Bei der Anschaffung eines Treppenlifts müssen Sie mit mehreren Tausend Euro rechnen. Es werden aber auch gebrauchte Treppenlifte angeboten, die weitaus günstiger sind. Natürlich sollten Kriterien wie Sicherheit, Komfort und Funktionstüchtigkeit auch bei gebrauchten Liften eine große Rolle spielen.

Beim Kauf eines gebrauchten Lifts von Privatanbietern lockt meist ein niedriger Preis. Sie sollten sich aber vorher erkundigen, zu welchem Preis eine Firma die Montage übernimmt. Beim Kauf vom Hersteller, die ebenfalls gebrauchte Lifte anbieten, sollte die Montage im Preis erhalten sein. Klären Sie auch Garantieleistungen sowie Wartungen und wer im Notfall für Reparaturen erreich-

WISO Tipp

Wenn es nur gilt, einige wenige Stufen zu überwinden, reicht womöglich ein wesentlich günstigerer Handlauf. Solch einer bietet sich auch schon bei Nicht-Pflegebedürftigen, aber vielleicht ein wenig unsicher gehenden Menschen an.

bar ist! Auf folgende Dinge sollten Sie achten, wenn Sie sich die Modelle anschauen:

Checkliste: Treppenlift
Ist die Polsterung von Sitz und Lehnen gut?
Lässt er sich leicht bedienen?
Ist er verstellbar? Kann man den Sitz drehen oder die Fußplatte wegklappen?
Ruckt er beim Anfahren oder Anhalten?
Gibt es einen Sicherheitsgurt?
Wie laut ist der Motor?

Beleuchtung Ihr Vater muss mehrmals nachts raus und hantiert mit einer Taschenlampe, um Ihre Mutter nicht zu wecken. Klar, Sie befürchten, dass er irgendwann stolpert und sich verletzt. Hier können Sie bereits mit wenigen Euro eine Abhilfe schaffen. Bringen Sie Leuchten an, die wie Bewegungsmelder funktionieren.

An einer Seite des Türdurchgangs knapp über der Schwelle angebracht, beleuchten und leiten sie auf dem Weg zwischen Schlafzimmer und Bad, ohne dass nach dem Lichtschalter getastet werden muss. Sie bekommen Sie im Baumarkt oder Elektronikhandel für nur wenige Euro.

WISO Tipp

Angehörige trauen sich oft nicht, bei den Pflegekassen um finanzielle Unterstützung für Hilfsmittel anzutragen, und diese lehnen auch gerne ab, vor allem bei niedrigen Pflegestufen. Doch gerade dort sind sie häufig sinnvoll, weil sie die Pflege erleichtern und so manche Beschwerden lindern. Daher: Bei Ablehnung sofort Widerspruch einlegen und Rücksprache mit dem Medizinischen Dienst der Krankenkassen halten!

Hausnotruf Nachts auf einer kalten Toilette sitzen und einfach nicht mehr hochkommen, oder zu stürzen und niemand hört das Rufen – eine schreckliche Vorstellung für Ihre Mutter? Zur Beruhigung und im Notfall eben auch zur Hilfe trägt die Installation eines Hausnotrufs bei. Hausnotrufe werden von verschiedenen privaten Anbietern, wie auch den meisten großen gemeinnützigen Verbänden wie der Johanniter-Unfall-Hilfe, dem Malteser Hilfsdienst, dem Deutschen Roten Kreuz, der Arbeiterwohlfahrt und anderen angeboten.

In der Wohnung Ihres Angehörigen wird ein Gerät installiert, das über eine Notruftaste, Mikrofon und einen Lautsprecher verfügt. Kosten für den Einbau: zwischen 10 und 80 Euro.

Zusätzlich erhält Ihr Angehöriger einen Handsender, der als Hals- oder Armband getragen werden kann. Über Druck auf die

Taste wird ein Signal an die Zentrale weitergeleitet. Die Wachhabenden können nun über Lautsprecher Kontakt aufnehmen oder einen Rettungswagen schicken. Um das Aufbrechen von Türen zu vermeiden, bieten viele Hausnotrufanbieter den Service, einen Wohnungsschlüssel bei ihnen zu hinterlegen.

Die Kosten des Notrufs betragen pro Monat je nach Anbieter zwischen 15 und 25 Euro. Bei entsprechender Verordnung übernimmt die Pflegekasse diese Kosten. Die Stiftung Warentest hat im September 2011 zwölf solcher Hausnotrufdienste unter die Lupe genommen. Das Ergebnis: Nur drei bekamen die Note »gut«, und zwar der Notrufdienst des Deutschen Roten Kreuzes als Testsieger sowie die des Malteser Hilfsdienstes und der Johanniter-Unfall-Hilfe.

Sie sollten den Anbieter auch mit allen wichtigen Informationen ausstatten, damit er im Ernstfall kompetent reagieren kann. Solch eine Liste sollte folgende Daten enthalten:

Checkliste: Hausnotruf
den Namen des behandelnden Arztes
die Namen der Angehörigen
die Kontaktdaten der Besitzer von Zweitschlüsseln
eine Liste der regelmäßig eingenommenen Medikamente
ein Verzeichnis der Vorerkrankungen

Manche Hausnotrufanbieter verfügen über eine weitere Variante. Dabei muss sich der Teilnehmer regelmäßig – meist alle 24 Stunden einmal – melden, indem er eine Extra-Taste am Gerät drückt und damit quasi mitteilt, dass mit ihm alles in Ordnung ist.

Erkundigen Sie sich zur Sicherheit vorab, wo ein eventueller Notruf Ihrer Angehörigen eingeht. Denn nur wenn eine 24-Stunden-Überwachung gewährleistet ist, ist der Service sinnvoll. Wird der Notruf nur auf ein Handy oder ein Schwesternzimmer in einem Altenheim weitergeleitet, dauert es eventuell für eine reaktion zu lange.

Weitere Pflegehilfsmittel

Technische Pflegehilfsmittel
Lifter
Bettgalgen
Bettseitengitter
Rückenstützen
Lagerungshilfen wie Rollen, Kissen und Felle
Pflegebetttisch
Bettnachtschrank mit verstellbarer Tischplatte
Toilettenstuhl
Bettpfanne
Urinflasche
wiederverwendbare Bettschutzeinlagen
verstellbarer Mehrfunktionsliegestuhl
Kopfwasch- und Waschsystem
Duschwagen
Rollstuhl
Gehwagen
Gehgestell
Rollator

Pflegeprodukte zum Verbrauch
Inkontinenzeinlagen
Windelhosen
Bettschutzeinlagen
Einmalhandschuhe
Mundschutz
Fingerlinge
Desinfektionsmittel für Hände und Flächen

WISO Tipp

Sprechen Sie mit Ihrer Pflegekasse, bevor Sie Pflegehilfsmittel bestellen. Für viele Produkte bestehen Verträge mit Lieferanten. Klären Sie immer die Konditionen der Anlieferung: Wird frei Haus geliefert? Wie steht es um Lieferfristen und Mängelbeseitigung?

Bis zu einem Höchstbetrag von 31 Euro monatlich rechnen die Pflegekassen direkt mit den Sanitätshäusern oder Lieferanten ab. Alles, was darüber hinausgeht, wird Ihnen in Rechnung gestellt. Natürlich kann es sein, dass Sie eigene Quellen auftun. Sie können also durchaus selber Lieferanten finden, die Ihnen einen besseren Preis bieten. Das kann auch Ihre Drogerie am Ort sein. In diesem Fall müssen Sie aber den kompletten Betrag vorstrecken. Gegen Vorlage der Rechnung erstattet die Pflegekasse Ihnen 31 Euro. Meist ist es auch unkompliziert, auf ein Mal eine größere Menge zu kaufen, um Rabatte zu erhalten. Die Pflegekasse erstattet dann pro Monat des Versorgungszeitraums 31 Euro.

Finanzierungshilfen

Bei großen und teuren Anschaffungsvorhaben wie einem Treppenlift sollte man auch staatliche Finanzierungshilfen ausloten. Wie zum Beispiel bei der KfW, der Kreditanstalt für Wiederaufbau. Mit dem Programm »Altersgerecht Umbauen« fördert die Bank Projekte, die Pflegebedürftigen helfen sollen, in ihren eigenen vier Wänden weiter zu leben. Die KfW gewährt sowohl Haus- oder Wohnungseigentümern als auch Mietern Kredite bis zu 50 000 Euro, die maximale Kreditlaufzeit beträgt 30 Jahre. Die Abwicklung des Kredits läuft über Ihre Hausbank.

Sind Sie oder Ihr Angehöriger pflegebedürftig aufgrund eines Berufsunfalls und könnte die Berufsfähigkeit durch einen Treppenlift oder einen Umbau anderer Art aufrechtzuerhalten sein, sollten Sie die Berufsgenossenschaft auf die Möglichkeit einer Finanzierung ansprechen.

Erkundigen Sie sich in jedem Fall vor einem solchen Vorhaben genau bei einem für derartige Projekte zuständigen Mitarbeiter. Den Antrag auf Zuschüsse oder Kostenübernahme müssen Sie jeweils immer vorab stellen. Im Nachhinein übernimmt keine der genannten Stellen die Kosten oder zahlt Ihnen Geld zurück.

Pflegesachleistungen

Sie pflegen Ihre Mutter in ihrer Wohnung, doch die Belastung wird einfach zu groß. Bestimmte Hilfestellungen können Sie mangels Kraft nicht mehr leisten oder aber Sie können nicht so oft bei ihr sein, wie es für eine sorgsame Pflege nötig wäre. In diesem Fall können Sie sogenannte Pflegesachleistungen beantragen. Hinter dem sperrigen Wort verbirgt sich

schlicht, dass Sie die Hilfe professioneller Pflegedienste in Anspruch nehmen oder eine Pflegekraft einstellen. Das können Sie in Kombination mit der eigenen Pflege tun oder aber ausschließlich.
Sie haben einen Anspruch auf eine ausführliche Beratung bei Ihrer Pflegekasse. Sie sollte Sie darüber beraten, welche Leistungsangebote es in Ihrem Wohnort gibt, wer Pflegedienste anbietet und wo Sie Hilfsmittel erhalten können. In einigen Regionen gibt es sogenannte Pflegestützpunkte, die alle Leistungsangebote aller Anbieter und Träger kurativer, präventiver, rehabilitativer, medizinischer und sozialer Leistungen und Maßnahmen zusammenführen. Auch über ehrenamtlich tätige Einzelpersonen oder Organisationen sowie kirchliche Einrichtungen sollte der Pflegestützpunkt Sie informieren. Derzeit gibt es diese Pflegestützpunkte flächendeckend nur in Rheinland-Pfalz. Fragen Sie Ihre Pflegekasse, wo der nächste Pflegestützpunkt ist.

Pflegestützpunkt

An Pflegesachleistungen leistet die Pflegekasse folgende Beträge ab dem 1.1.2012 monatlich bis zu:
- Pflegestufe I 450 Euro
- Pflegestufe II 1100 Euro
- Pflegestufe III 1550 Euro

In besonderen Härtefällen bis zu 1918 Euro.

Ambulante Pflegedienste

Sie haben sich entschieden: Sie möchten zusätzlich zu Ihrer eigenen Pflegetätigkeit die Unterstützung eines Pflegedienstes in Anspruch nehmen oder den Dienst komplett mit der Pflege Ihres Angehörigen beauftragen. Vielleicht wohnen Sie für eine regelmäßige dauerhafte Pflegetätigkeit einfach zu weit weg oder Sie können Ihre Arbeitsstelle nicht oft und lange genug verlassen. Auf jeden Fall stehen Sie nun vor der Frage, wie Sie den besten Pflegedienst oder die beste Fachkraft für Ihren Angehörigen finden.
Ihre Pflegekasse wird Ihnen sicher eine Liste aller Pflegedienste in Ihrer Region aushändigen können und wird Ihnen auch beratend zur Seite stehen. Den besten Pflegedienst findet man übrigens am ehesten über Mundpropaganda. Wer gut pflegt – das spricht sich herum.
Der Preis allein entscheidet sicher nicht über die Qualität. Wichtiger ist das Personal. Hat der Dienst einen festen Personalstamm? Kontinuität spricht nicht nur für ein intaktes Arbeitsklima – auch für die zu Betreuenden ist es

wichtig, sich nicht täglich auf einen neuen Menschen einstellen zu müssen. Vertrauen schafft Sicherheit. Und dieses ständig neu aufzubauen ist anstrengend.
Wenn irgend möglich, machen Sie sich als Angehöriger der zu pflegenden Person persönlich ein Bild von dem Pflegedienst. Rufen Sie an, gehen Sie vorbei, reden Sie mit den Mitarbeitern. Auf folgende Dinge sollten Sie achten:

Kriterien für Ihr Gespräch mit dem Pflegedienst

Checkliste: Pflegedienst
Nimmt man sich Zeit für ein Gespräch?
Antwortet man auf Ihre Fragen freundlich und geduldigt?
Spricht man offen und verständlich über die Leistungen?
Spricht man respektvoll von den Patienten?

Letztendlich sollten Sie auch auf Ihr Bauchgefühl hören: Können Sie diesem Menschen Ihren Vater oder Ihre Mutter anvertrauen?

Kombinationsleistung

Sie wollen die Pflegesachleistung – also die Hilfe eines Pflegedienstes – auch in Anspruch nehmen, während Sie Ihre Mutter selbst weiter pflegen. Dann können Sie das Geld der Pflegekasse so aufteilen, wie Sie es möchten. Sie können also beispielsweise eine Pflegekraft einstellen, die Ihre Mutter einmal die Woche badet, und den Hauptteil der Pflege selbst übernehmen. Wenn Sie damit nur einen Teil der Ihnen – entsprechend der Pflegestufe – zustehenden Summe für die Pflegesachleistung ausgeben, können Sie sich den Rest als Pflegegeld auszahlen lassen.

Pflegeversicherung von Personen mit Anspruch auf Beihilfe oder Heilfürsorge

Bei Personen, die Anspruch auf Beihilfe oder Heilfürsorge haben, werden die Pflegesätze anders berechnet. Das umfasst zum Beispiel die Personengruppe der Beamten, Polizeibeamten und Berufssoldaten. Sie zahlen nur die Hälfte der Beiträge und erhalten daher auch nur die Hälfte der sozialen Leistungen. Zusätzlich zu den Leistungen aus der Pflegekasse stehen ihnen dann Beihilfe beziehungsweise Heilfürsorge zu.

Dies gilt auch für mitversicherte Familienmitglieder, nicht aber für Angehörige, die selbst in die Pflegeversicherung einzahlen.

Verhinderungspflege

Sie pflegen Ihren Vater bereits seit mehreren Jahren und wollen das auch weiterhin tun. Gern würden Sie mal wieder in den Urlaub fahren, aber Sie trauen sich nicht. Dabei würde Ihnen eine Auszeit so guttun!

Nehmen Sie eine Auszeit von der Pflege!

Es kommt häufig vor, dass Angehörige, welche die Pflege eines lieben Menschen übernehmen, sich damit überfordern und sich keine Pause gönnen. Lassen Sie es nicht so weit kommen! Sie müssen kein schlechtes Gewissen haben. Die Verhinderungspflege ist genau für Menschen wie Sie gedacht, die von der Pflege eine Auszeit brauchen. Maximal vier Wochen im Jahr übernimmt die Pflegekasse den Zuschuss für eine Pflegekraft oder auch für Nachbarn, die Ihre Aufgaben übernehmen. Voraussetzung ist, dass Sie Ihren Angehörigen mindestens ein Jahr lang häuslich gepflegt haben. Die Verhinderungspflege kann auch in Anspruch genommen werden, wenn Sie – also die sogenannte Pflegeperson – erkranken.

Pflegekräfte aus Osteuropa

Ausländische Pflegekräfte sind offiziell Haushaltshilfen

Pflege ist teuer. Das haben Sie längst festgestellt. Bei den Preisen des ambulanten Pflegedienstes haben Sie erst mal geschluckt. Und bei den Summen, die zusammenkamen, als Sie mal ausrechneten, was eine 24-Stunden-Betreuung Ihres demenzkranken Vaters kosten würde, haben Sie gleich abgewinkt. Und nun erzählt Ihnen eine Freundin von der fantastischen Polin, die ihre Tante betreut, rund um die Uhr … und das so günstig!

Kaum ein Thema ist in der Pflege so umstritten und kontrovers in den Medien behandelt worden wie die Frage der Pflegekräfte aus osteuropäischen Ländern.

Keine Frage, einen Pflegedienst rund um die Uhr zu beschäftigen, das kann sich ein Durchschnittsbürger nicht leisten. Und doch ist vielleicht auch für Sie der Gedanke unerträglich, dass Ihre Eltern nur morgens und abends kurz von einer Pflegekraft grundversorgt werden. Was, wenn Ihre Mutter fällt und es möglicherweise bis zum Abend niemand bemerkt? Oder wenn Ihr Vater erste Anzeichen von Demenz zeigt und Sie Angst haben, dass er den Herd nicht abstellt oder die Wohnung verlässt und nicht mehr nach Hause findet? Es sind weniger die einzelnen Hilfestellungen wie das Anziehen oder Essen zubereiten, sondern der Wunsch nach Rundumbetreuung, wenn Pflegekräfte aus Osteuropa beschäftigt werden. Sie sind seit vielen Jahren aus den deutschen Haushalten nicht mehr wegzudenken. Viele davon arbeiten illegal. Aber die Familien, die sie gesetzeswidrig beschäftigen, sehen oft keine andere Wahl.

Auch die Bundesregierung musste mittlerweile einsehen, dass der Bedarf immer größer wird und den betroffenen Familien vielfach die Alternativen fehlen.

So wurde am 1. Mai 2011 der Arbeitsmarkt geöffnet und Pflegehilfen aus Osteuropa dürfen legal in Deutschland arbeiten. Das heißt, sie benötigen keine gesonderte Arbeitserlaubnis mehr. Das betrifft Arbeitskräfte aus folgenden Ländern:

- Estland
- Lettland
- Litauen
- Polen
- Slowenien
- Ungarn
- Slowakische Republik
- Tschechische Republik

Ausländische Pflegekräfte sind »Haushaltshilfen«

Aber das sollten Sie wissen: Diese Kräfte sind »Haushaltshilfen«, das bedeutet, sie dürfen alles tun, was zur Grundpflege gehört. Sie dürfen beim Anziehen helfen, beim Waschen, bei der Hautpflege, beim Rasieren, Kämmen, Essen, Trinken, Toilettengang und allgemein bei Gängen innerhalb und außerhalb der Wohnung. Alles, was über die sogenannte pflegerische Alltagshilfe hinausgeht, muss von einer professionellen Pflegekraft vorgenommen werden.

Natürlich ist das im Alltag nicht immer so einfach auseinanderzuhalten. Was Sie im Hinterkopf behalten sollten, ist, dass es bei bettlägerigen Menschen schnell zum Wundliegen kommt. Auch die sogenannte Mobilisierung von älteren Menschen, das Bewegen der Gelenke, ist etwas, das selbstverständlich jemand tun sollte, der dies gelernt hat. Der Gesundheit Ihrer Angehörigen zuliebe sollten Sie also im Zweifelsfall zumindest zeitweise auch den Rat und die Hilfe einer Fachkraft einholen.

Anders als oft kolportiert, arbeiten professionelle Pflegedienste oft auch gerne mit den osteuropäischen Kräften zusammen. Schließlich sollten alle das Wohl des Patienten im Auge haben. Wenn also der Pflegedienst von der zusätzlichen Kraft weiß, kann sich der Pfleger oder die Pflegerin darauf einstellen. Man kann sich besser ergänzen. Anstatt die ausländische Arbeitskraft heimlich zu beschäftigen sollten Sie daher offen handeln und gemeinsam die Pflege Ihres Angehörigen organisieren.

Vermittlung über die Zentrale Auslands- und Fachvermittlung der Agentur für Arbeit

Wenn Sie sich die Haushaltshilfe über die Zentrale Auslands- und Fachvermittlung der Agentur für Arbeit vermitteln lassen, werden Sie damit zum Arbeitgeber – mit entsprechenden Pflichten. Einer Haushaltshilfe zahlen Sie normalerweise einen Lohn, der zwischen 1300 und 1500 Euro monatlich liegt. Dazu kommen die Sozialabgaben, also die Beiträge zur Kranken-, Pflege-, Renten- und Arbeitslosenversicherung. Dazu kommt noch ein Beitrag zur gesetzlichen Unfallversicherung. Außerdem müssen Sie für eine angemessene Unterkunft für die Pflegehilfe sorgen.

Entsendegesellschaften

Durch die Pflichten als Arbeitgeber fällt auch dementsprechend einiges an Bürokratie an. Wenn Sie dies scheuen, können Sie eine Hilfskraft auch über ein ausländisches Entsendeunternehmen beschäftigen. Dann ist die Kraft in ihrem Heimatland sozialversichert und beim Entsendeunternehmen angestellt. Die Pflegekräfte benötigen eine gültige Entsendebescheinigung, genannt A1. Im Internet finden Sie eine Vielzahl an Angeboten – seriös wie unseriös. Das ist oft nicht einfach herauszufinden – und schon gar nicht auf die Schnelle. Lassen Sie sich auch hier nicht durch verlockende Preise verleiten, sondern nehmen Sie lieber ein ortsansässiges Unternehmen, bei dem Sie im Zweifelsfall einen Ansprechpartner vor Ort haben.

WISO Tipp

Mittlerweile sind auch Wohlfahrtsverbände wie zum Beispiel die Caritas in die Vermittlung eingestiegen. Die Verbände bieten Musterverträge an und übernehmen auch manchmal die Formalitäten. Ferner suchen sie gezielt nach geeigneten Kräften und kümmern sich um Qualifizierung durch Vorbereitungskurse.

Minijobs

Wenn Ihr Angehöriger keine 24-Stunden-Betreuung benötigt und Sie nur stundenweise Entlastung bei der Pflege suchen, können Sie auch einen Minijobber beschäftigen. Hier hält sich die Bürokratie in Grenzen. Sie müssen die Hilfskraft über das sogenannte Haushaltsscheckverfahren bei der Minijob-Zentrale anmelden. Das geht sogar ganz unkompliziert per Telefon. Ein Minijobber darf maximal 400 Euro im Monat verdienen.

Teilstationäre Pflege

Tagespflege

Vielleicht haben Sie Ihre Mutter oder Ihren Vater bereits längere Zeit gepflegt und sind dafür beruflich kürzer getreten. Jetzt wollen Sie wieder mehr arbeiten, können aber morgens und abends die Pflege übernehmen. Dann hilft Ihnen die Tagespflege.

Pro Monat haben Sie abhängig von der Pflegestufe Anspruch auf folgende finanzielle Unterstützung:

- Pflegestufe I bis zu 384 Euro
- Pflegestufe II bis zu 921 Euro
- Pflegestufe III bis zu 1432 Euro

Bei der teilstationären Pflege wird der Pflegebedürftige von der Wohnung zur Tagespflegeeinrichtung und zurück befördert. Neben der grundsätzlichen Versorgung und den Mahlzeiten bieten die Einrichtungen üblicherweise Beschäftigungs- und Aktivierungsangebote an. Das können je nach Gesundheitszustand Gymnastik, Spiele oder Gesprächskreise sein.

In der Regel können solche Tagespflegeeinrichtungen flexibel genutzt werden – täglich oder nur für einzelne Tage. Selten gibt es allerdings Angebote für eine Betreuung an Wochenenden.

Heimunterbringung

Ihr Vater wird vergesslicher und ist in seiner Wohnung auch schon mal gestürzt. Sie schlafen schon schlecht, weil Sie ständig befürchten, dass ihm etwas passiert. Der Aufwand, ihn zu pflegen, wird immer größer – und doch haben Sie manchmal das Gefühl, er bräuchte noch mehr Pflege. Vielleicht ist es nun Zeit, über eine stationäre Pflege nachzudenken.

Niemand möchte gern in ein Heim – und niemandem fällt es leicht, einen geliebten Angehörigen fremden Menschen anzuvertrauen, ihn aus seiner gewohnten Umgebung zu nehmen. Gleichzeitig sind wir alarmiert von Berichten über fürchterliche Heime, fehlendes oder nachlässiges Pflegepersonal.

Dennoch: Ein Heim ist keine grundsätzlich schlechte Idee. Es gibt triftige Gründe, wenn beispielsweise

- kein Angehöriger in der Nähe wohnt, der sich regelmäßig um den zu Pflegenden kümmern kann,
- der Pflegebedürftige sich selbst gefährdet oder zu verwahrlosen droht,
- die Wohnung ungeeignet ist für Umbauten oder zur Aufnahme einer Pflegekraft.

Augen auf bei der Heimasuwahl!

Lassen Sie sich nicht grundsätzlich abschrecken. Es gibt nach wie vor motiviertes Pflegepersonal, engagierte Heimleiter und freundliche, funktionierende Heime. Aber auch hier gilt wie immer: Machen Sie sich selbst ein Bild. Reden Sie mit der Leitung und dem Personal. Lassen Sie sich vom Pflegestützpunkt vor Ort beraten und vertrauen Sie auf Tipps von Nachbarn, Bekannten Ihrer Eltern oder Freunden mit Eltern im ähnlichen Alter. Lassen Sie sich einen Vertrag zeigen und achten Sie darauf, dass alle gebotenen Leistungen genau beschrieben sind. Zusatzleistungen wie Wäscheservice oder Reparaturen müssen, wenn sie kostenpflichtig sind, aufgelistet sein.

Die Pflegekassen übernehmen nur Kosten für von ihnen zugelassene Heime. Welche das sind, erfahren Sie bei Ihrer Kasse anhand einer Liste, welche Leistung und Preise der verschiedenen Heime vergleicht.

Wenn Ihr Angehöriger in Pflegestufe III eingeordnet ist, geht man davon aus, dass eine vollstationäre Pflege notwendig ist. Nicht aber bei den beiden ersten Pflegestufen. Wenn Sie Ihren Vater / Ihre Mutter dennoch in einem Pflegeheim unterbringen möchten, übernimmt die Kasse die Kosten in geringerem Maße:

- Pflegestufe I maximal 450 Euro
- Pflegestufe II maximal 1100 Euro
- Pflegestufe III maximal 1550 Euro
- Pflegestufe IV (Härtefälle) 1918 Euro

Die Voraussetzungen, als Härtefall eingestuft zu werden, sind hoch und können sich auch ändern. Das heißt meist: Sie werden verschärft. Der Grund: Insgesamt dürfen nur 5 Prozent aller Pflegebedürftigen der Pflegestufe III als Härtefall anerkannt werden. Wenn man so will eine Quotenregelung, die vom Bund der Pflegekassen überwacht wird.

Die Pflegesätze werden im Drei-Jahres-Rhythmus überprüft, das heißt, die nächste Erhöhung kommt frühestens Anfang 2015.

Mit den oben angeführten Pflegesätzen sind die Kosten für einen Pflegeplatz natürlich nicht gedeckt. Das Geld ist nur für die pflegerischen und medizinischen Maßnahmen gedacht. Für die sogenannten Hotelkosten, also Verpflegung und Unterbringung, muss der Pflegebedürftige selbst aufkommen – ebenso wie er das zuvor in der eigenen Wohnung in Form von Miete und Lebensmitteln auch getan hat.

Auswahl eines Heims

WISO Tipp

Wenn möglich, setzen Sie Ihren Angehörigen beizeiten auf die Wartelisten umliegender Heime. Das sollte kostenlos möglich sein. Auch wenn noch nicht klar ist, ob und wann ein Heimplatz benötigt wird. Es ist besser, auf den Notfall vorbereitet zu sein. Und niemand kann Ihnen verbieten, sich in Listen mehrerer Heime einzutragen. Allerdings hat das Heim das Recht, Sie nach mehreren nicht angenommenen Plätzen wieder zu löschen.

Sicher war es für Sie nicht leicht, den Entschluss zu fassen, Ihren Angehörigen in einem Heim pflegen zu lassen. Sie können aber viel dafür tun, dass er sich dort wohlfühlt. Allem voran dadurch, dass Sie das Heim mit Bedacht auswählen. Sicher klaffen Wunsch und Wirklichkeit auch bei der Auswahl eines Pflegeheims auseinander. Natürlich hat man nicht immer die große Auswahl.
In manche Heime möchten Sie Ihre Mutter nicht geben und die anderen haben ellenlange Wartelisten. Dennoch: Setzen Sie alles dran, sich vorher gründlich über alle infrage kommenden Heime zu informieren, um nach Möglichkeit die beste Wahl zu treffen. Stellen Sie sich und Ihrem Angehörigen vorab folgende Fragen:

Standort Wo soll es liegen? Ist Ihrer Mutter oder Ihrem Vater die Umgebung wichtig? Ist sie oder er noch fit genug, um in der vertrauten Umgebung spazieren zu gehen und kleine Besorgungen zu machen? Gibt es Freunde und Bekannte oder Nachbarn, die sie/ihn weiterhin besuchen?
Wo leben Sie und andere nahe Angehörige? Wer wird in Zukunft am meisten Zeit haben, zu Besuch zu kommen?
Soll es in der Stadt oder im Grünen liegen? Was möchte Ihre Mutter oder Ihr Vater am liebsten sehen, wenn sie oder er nach draußen schaut: Beobachtet er/sie gern Menschen, Straßen und belebte Plätze? Oder bevorzugt er Ruhe, Weite, die Natur und Vogelgezwitscher? Wie nah sind die nächsten Geschäfte? Gibt es einen Garten?

Angebote im Heim Wie wichtig sind Ihrem Angehörigen Religion, Kultur und Aktivitäten? Sind Haustiere erlaubt? Gibt es Spiel- oder Singnachmittage? Wie sehen die Gemeinschaftsräume aus?

Personal Erkundigen Sie sich nach der Zusammensetzung des Personals: Wie viele der Mitarbeiter sind examinierte Pflegekräfte? In guten Heimen sollte es etwa die Hälfte sein. Gibt es Pflegekräfte, die speziell für

Demenzkranke geschult sind? Begegnet man Ihnen freundlich? Nimmt man sich Zeit? Oder wirken die Mitarbeiter überfordert und gestresst?

Heimbewohner Beobachten Sie die Bewohner des Heims. Wie wirken sie auf Sie? Passiv, deprimiert, apathisch oder teilnahmslos? Wirken sie gut versorgt und gepflegt? Sitzt man in Gemeinschaftsräumen beisammen? Unterhält man sich oder läuft pausenlos der Fernseher?

Pflege-TÜV

Natürlich können Sie viele Kriterien auch in den Qualitätsberichten der Krankenkassen nachlesen. Seit Einrichtung des sogenannten Pflege-TÜVs werden alle ambulanten und stationären Pflegeeinrichtungen jährlich von einem Prüfdienst besucht und beurteilt. Die Kontrollen finden unangemeldet statt. Die Berichte werden im Internet veröffentlicht und können als Anhaltspunkt dienen. Dennoch sind sie nicht unumstritten in ihrer Aussagekraft. Daher sollte so eine Notenübersicht nicht das einzige Kriterium für Sie sein. Machen Sie sich möglichst selbst ein Bild. Im Grunde geht es immer auch um Ihr Bauchgefühl.

WISO Tipp

Machen Sie zunächst einen Besichtigungstermin für ein Heim aus und erst anschließend einen Termin mit der Heimleitung. Manche Fragen ergeben sich auch erst, nachdem Sie durch das Heim geführt wurden.

Kosten

Die Pflegekasse zahlt je nach Pflegestufe die oben genannten Pauschalsätze. Die decken in der Regel nur einen Teil der Kosten ab. Der Rest muss privat gezahlt werden.

Was darf das Heim also kosten? Ein schwieriges Thema, wenn das Geld knapp ist. Natürlich gibt es günstigere und teurere Heime und oft hat man nicht die Wahl. Wichtig ist aber: Kosten und Unterkunft müssen innerhalb eines Heims für Pflegebedürftige aller Stufen gleich berechnet werden.

WISO Tipp

Wenn Ihr Angehöriger beispielsweise ausschließlich Sondennahrung erhält, deren Kosten von der Krankenkasse getragen wird, sollten Sie mit dem Heim vereinbaren, dass die Kosten von der Heimverpflegung abgezogen werden.

Heimvertrag

Wie jeder Vertrag ist auch der Heimvertrag ein Dokument, das sorgsam geprüft werden muss. Und auch hier gilt wie bei jedem Vertrag: Übersehen Sie das Kleingedruckte nicht!

Da wir in Deutschland in einem föderalen System leben, haben die Bundesländer jeweils ihre eigenen Heimgesetze. Dennoch gelten für die

Heimverträge Regeln aus einem Bundesgesetz. Die sind im WBVG, dem Wohn- und Betreuungsvertragsgesetz, zusammengetragen und sollen dem besonderen Schutz der Pflegebedürftigen dienen.

Demnach haben Sie Anspruch darauf, vor einem Vertragsabschluss in leicht verständlicher Sprache darüber informiert zu werden, welche Leistungen und Angebote das Heim bereithält. Die Kosten müssen klar benannt werden. Außerdem haben Sie ein Recht darauf, zu wissen, wie das Heim bei einer Qualitätsüberprüfung abgeschnitten hat. Diese Ergebnisse muss man Ihnen mitteilen.

Heimvertrag

Der Vertrag, den das Heim mit Ihnen abschließt, muss schriftlich sein. Wichtig auch: Er muss unbefristet sein, also über einen unbestimmten Zeitraum abgeschlossen werden. Eine spätere Erhöhung der Kosten und Entgelte ist nur zulässig, wenn sie gut begründet ist.

Kündigungsregeln

Eine Besonderheit der Kündigungsregelung: Hier sollen dem Gesetz nach die Pflegebedürftigen unter besonderem Schutz stehen. Das Heim kann Ihnen nur aus wichtigen Gründen kündigen. Zum Beispiel wenn Sie mit der Zahlung der Heimkosten monatelang im Rückstand sind und auch nach Setzen einer Frist nicht zahlen. Sie selbst müssen eine Kündigung nicht gesondert begründen, müssen sich aber natürlich an die Kündigungsfristen halten.

Liebäugeln Sie bereits mit einem bestimmten Heim? Haben Sie sich sogar schon für ein Heim entschieden? Das ist gut, aber vor dem Umzug steht der Papierkram – leider – da kommen Sie nicht drum herum. Und es ist entschieden besser, jetzt ein wenig Zeit zu investieren, als später eine Enttäuschung zu erleben oder gar auf bestimmte Leistungen verzichten zu müssen, mit denen Sie aber eigentlich fest gerechnet haben.

Schon wenn Sie ein Heim besichtigen, können Sie nach einem Mustervertrag fragen und ihn in Ruhe zu Hause lesen – oder aber jemandem zeigen, der sich mit Heimverträgen auskennt.

Was der Heimvertrag beinhalten sollte

Grundsätzlich sollten im Vertrag eine ganze Reihe von Dingen eindeutig schriftlich geregelt und festgehalten werden:

Checkliste: Heimvertrag
Welche Leistungen werden vom Heim erbracht? Welche Grundpflegeleistungen und welche medizinischen Leistungen?
Wie sieht der Wohnbereich aus? Gibt es Doppel- oder Einzelzimmer oder sogar ein eigenes Appartement?
Wie sind die Räume ausgestattet? Dürfen Sie Ihre eigenen Möbel mitbringen? Oder müssen Sie es sogar, weil der Raum unmöbliert ist?

Kosten für Verpflegung: Wie viele Mahlzeiten sind enthalten?
Wie hoch sind die Kosten für die Betreuung?
Sind die Kosten für Wäsche und Reinigung enthalten oder nicht? Wenn nicht, was kostet es extra?
Gibt es eine Extraregelung für Zeiten der Abwesenheit? Müssen Sie den vollen Preis bezahlen, wenn der Pflegebedürftige mehrere Tage bei Verwandten verbringt, zum Beispiel an Weihnachten?
Wie sieht die Regelung aus, wenn sich Ihr Gesundheitszustand verschlechtert? Welche Leistungen müssen oder können dazukommen? Wie sehr erhöhen sich dadurch die Kosten?
Wie sehen die Kündigungsfristen aus?
Wie wird mit Personen- oder Sachschäden umgegangen (Haftungsregelung)?
Gibt es einen Heimrat? Wer setzt sich für die Belange der Bewohner ein?
Was passiert, wenn Sie mit der vom Heim erbrachten Leistung nicht zufrieden sind? Können Sie das Entgelt für das Heim kürzen?

Sie sehen, die Details machen auch hier, wie so oft, den Unterschied. Lieber also dreimal nachfragen und möglichst auch schriftlich festhalten, was genau im Endpreis enthalten ist und was noch zusätzlich an Kosten auf Sie zukommt.

Betreutes Wohnen

Sich selbst versorgen – so lange wie nur möglich – das wollen wir doch alle. Und wir wollen es natürlich auch unseren Eltern oder anderen älteren Angehörigen ermöglichen. Vielleicht sind Ihre Mutter oder Ihr Vater durchaus noch rüstig genug, um die meisten Dinge des Alltags alleine zu bewältigen. Vielleicht schreckt sie oder ihn vor allem der Gedanke, sich von den eigenen Möbeln trennen müssen und in ein fertig eingerichtetes Zimmer zu ziehen.

Wenn Ihr Angehöriger noch keine Pflegestufe hat, Sie sich aber doch sorgen, dass er ganz alleine weiter in seiner Wohnung lebt und Sie nur ab und an nach ihm gucken können, oder wenn Sie und Ihr Angehöriger einfach vorsorgen möchten, dann bietet sich das sogenannte betreute Wohnen an. Seit den 1990er-Jahren boomen solche Angebote, die für die

So viel Hilfe wie nötig, so viel Selbstständigkeit wie möglich aktiveren Senioren gedacht sind. Gemeint ist damit grundsätzlich: So viel Hilfe wie nötig, so viel Selbstständigkeit wie möglich.

»Betreutes Wohnen« ist jedoch keinesfalls ein geschützter Begriff, sodass sich hinter den verschiedenen Angeboten von Wohnungsbaugesellschaften, Heimbetreibern und Immobilienfirmen völlig unterschiedliche Konzepte verbergen können. Die Wohnform des betreuten Wohnens unterliegt auch nicht dem Heimgesetz beziehungsweise den Landesheimgesetzen der einzelnen Bundesländer. Das führt dazu, dass – anders als in einem Heim – in der Regel keine Rundumversorgung vorgesehen ist und Sie daher auch keinen Anspruch darauf haben.

Vorsicht bei Versprechungen wie: »Wir versorgen Sie/Ihre Angehörigen bis zum Lebensende.« Derartige Garantien sind meist nicht seriös. Im Vertrag sollte daher aufgeklärt werden, wo die Grenzen der Betreuung liegen. Wenn Ihr Angehöriger irgendwann einmal doch erheblich pflegebedürftig wird, wird ein Umzug in eine umfassendere Betreuungsform – wie ein Pflegeheim – nötig werden.

Sie müssen sich also immer genau über die Vertragsbedingungen, Art und Umfang der Serviceleistungen informieren. Lassen Sie sich von infrage kommenden Wohnanlagen schriftliche Informationen mit einer Preisübersicht, einer Liste der Serviceangebote, die Hausordnung und den Entwurf eines Miet- und Betreuungsvertrags zusenden.

Qualitätssiegel

WISO Tipp

Achten Sie darauf, dass es für einen Pauschalpreis ein kleines Leistungspaket gibt. Schließlich wollen Sie nicht für Dienste bezahlen, die Sie eventuell gar nicht brauchen. Außerdem können Sie diese Leistungen bei anderen Anbietern anfragen und die Preise vergleichen.

Hinter dem Begriff »Betreutes Wohnen« können sich also ganz unterschiedliche Konzepte verbergen. Angefangen bei lediglich einem zusätzlichen Hausmeisterservice bis zu einer Rund-um-die-Uhr-Rufbereitschaft in unmittelbarer Nähe. Weil bereits einige Senioren und ihre Angehörigen auf Mogelpackungen mit wenig oder schlechtem Service hereingefallen sind, gibt es Anstrengungen, eine Art Qualitätssiegel für derartige Angebote zu erstellen. Leider gibt es das bislang nur in einigen Bundesländern. Eine der ersten Initiativen kam aus Baden-Württemberg, später folgte Nordrhein-Westfalen. Auch eine DIN-Norm ist in der Entwicklung. Damit sollen bundesweit betreute Wohnanlagen ausgezeichnet werden, die bestimmten Qualitätskriterien genügen.

Betreutes Wohnen unterscheidet sich vom »normalen« Wohnen in erster Linie durch einen Ansprechpartner, einer Betreuungsperson vor Ort. Doch – und das ist ein häufiges Missverständnis – ist

sie keine Pflegekraft, die man bei Bedarf rufen kann. Vielmehr hilft sie bei der Vermittlung derartiger Pflegekräfte und organisiert Hilfe, wenn nötig. Meist sind bestimmte Grundleistungen im Basispreis enthalten. Weitere können nach Bedarf hinzugekauft werden. Hier sind die größten Unterschiede zwischen den verschiedenen Angeboten zu finden.
Wichtige Fragen, die Sie sich (und dem Anbieter) stellen sollten:

Darüber sollten Sie sich vorher informieren

Checkliste: Betreutes Wohnen
Wann und wie regelmäßig ist ein Ansprechpartner in der Wohnanlage anwesend?
Welche Leistungen sind im Grundvertrag enthalten und welche kosten extra (Reparaturen, Wäschedienst, Reinigung der Wohnung)?
Gibt es organisierte gemeinsame Aktivitäten mit anderen Mitbewohnern der Wohnanlage?
Gibt es einen Fahrdienst?
Kann der Wohnanlagenbetreiber verschiedene Anbieter von Zusatzleistungen nennen (Essen auf Rädern, Fahrdienste, Kosmetik, Nagelpflege)?
Wer hilft bei kleineren Hilfestellungen und was kostet das (Glühbirne wechseln, Möbel umstellen)?
Ist das Halten von Haustieren erlaubt?

Im Pflegefall

Ihre Mutter freut sich auf die Sicherheit des betreuten Wohnens mit den eigenen Möbeln. Doch was passiert, wenn sie irgendwann einmal stürzt und sich alleine nicht mehr versorgen kann? Was ist für den Fall vorgesehen, dass Ihr Angehöriger pflegebedürftig wird? Gibt es in der betreuten Wohnanlage auch eine angeschlossene Pflegestation?
Welche Kriterien sind für Sie am wichtigsten? Überlegen Sie genau, welche Ansprüche Sie beziehungsweise Ihr Angehöriger an eine solche Wohnanlage und den Service dort stellt. Die Erfüllung dieser Kriterien ist dafür ausschlaggebend, dass Ihr Angehöriger sich wohlfühlt. Daher sollten Sie vorher genau überlegen, was Sie suchen. Ein Zertifikat heißt noch lange nicht, dass die Anlage für Ihre Mutter oder Ihren Vater die richtige ist. Manche Wohnanlagen bieten auch Probewohnen an. Nutzen Sie diese Möglichkeit!

Kosten

Die Kosten für betreutes Wohnen tragen in der Regel Sie beziehungsweise Ihre Angehörigen. Natürlich stehen Ihnen je nach Pflegebedürftigkeit die Leistungen aus der Pflegeversicherung zu, also Tätigkeiten des ambulanten Pflegedienstes oder auch Sachmittel, das heißt Zuschüsse für bestimmte Anschaffungen oder die individuelle Anpassung des Wohnbereichs.

Alten-WG

Hier werden Sie beraten

Sie denken an verrauchte Küchen und endloses Teetrinken mit Mitbewohnern? An verquatschte Nächte, an übervolle Mülleimer und schmutziges Geschirr, um das sich keiner kümmert? Die eine oder andere WG mag nach wie vor so aussehen, doch das Konzept der Wohngemeinschaft ist längst kein Privileg mehr von jungen Leuten oder Studenten.

Mehr und mehr ältere Menschen wünschen sich ein selbstbestimmtes Leben mit Gleichgesinnten. Einen Rückzugsort und doch Gesellschaft. Eine Alten-WG im klassischen Sinne einer Wohngemeinschaft erfordert ein Mindestmaß an Eigeninitiative und den Wunsch, das gemeinsame Leben mitzugestalten. Eine solche Wohngemeinschaft eignet sich also grundsätzlich eher für Ihren Angehörigen, wenn er noch einigermaßen gut für sich selbst sorgen kann.

Dennoch haben sich in den letzten Jahren auch Alten-WGs gebildet, in denen pflegebedürftige und vor allem auch demenzkranke Menschen gemeinsam wohnen. Sie teilen sich dann einen oder mehrere Pfleger. Kosten, die sie sich ansonsten nicht leisten könnten. Wenige Bewohner in einer kleinen Wohneinheit – das bedeutet natürlich eine wesentlich intensivere Betreuung und mehr Platz für Individualität.

Individuell sind jedoch auch die Bedingungen und Regeln in diesen Alten-WGs. Die Gründer sind mal Familienangehörige, mal Pfleger, die sich selbstständig gemacht haben. Allgemeingültige Angaben können wir daher an dieser Stelle nicht machen.

Außerdem: Die meisten dieser etwa 1500 Alten-WGs in Deutschland befinden sich bislang in Berlin. Es ist also (noch) kein Modell, das man bundesweit vorfindet, aber vielleicht eins für die Zukunft. Das Bundesgesundheitsministerium hat angekündigt, diese Wohnform mit Geld und Förderprogrammen zu unterstützen.

Beratung für Angehörige

Fühlen Sie sich gerade ein wenig erschlagen? Haben Sie mehr Informationen erhalten, als Sie erhofften? Sind Sie eher verwirrt ob der vielen unterschiedlichen Möglichkeiten und wünschen Sie sich nichts mehr als jemanden, der für Sie entscheidet? Dann denken Sie völlig richtig!
Sie stehen – ob nun selbst als Pflegebedürftiger oder als Angehöriger – vor schweren Entscheidungen. Es ist völlig normal, den Überblick zu verlieren und sich überfordert zu fühlen. Zum Glück müssen Sie derartige Entscheidungen nicht alleine treffen. Überall gibt es Beratungsangebote und die sollten Sie nutzen.
Ihre ersten Ansprechpartner sollten Sie bei den Sozialdiensten der Krankenhäuser finden, ebenso bei kirchlichen Einrichtungen, Wohlfahrtsverbänden, Krankenkassen und speziellen Pflegestützpunkten. Auch die Verbraucherzentralen haben oft gesonderte Beratungszentren. Es lohnt sich, unter Stichworten wie »Pflege«, »Beratungsangebot Pflege« et cetera in den Gelben Seiten nachzuschlagen, im Internet danach zu suchen oder jemanden zu bitten, für Sie zu recherchieren.
Das Bundesministerium für Familien, Senioren, Frauen und Jugend beispielsweise listet unter der Rubrik »Familien-Wegweiser« weitere Hilfen auf (www.familien-wegweiser.de). Hier einige Beratungsangebote im Überblick:

- Pflegestützpunkte (nicht in jedem Bundesland)
- Verbraucherzentralen
- Diakonie
  Caritas
- Pflegekassenverbände
- Deutsche Alzheimer Gesellschaft (und andere Alzheimer-Verbände)
- Kuratorium Deutsche Altershilfe (www.kda.de)

Wer sich gut informiert und gut informiert fühlt, hat auch weniger Angst, Entscheidungen zu treffen. Sie brauchen sich keinesfalls schämen, wenn Sie wenig oder auch überhaupt keine Ahnung haben, wie Sie das Problem, Hilfe bei der Pflege zu finden, angehen sollen. Sie sind damit nicht nur kein Einzelfall, sondern gehören vermutlich zur Mehrheit der Bevölkerung.
Alt werden, pflegebedürftig werden – das sind in unserer Gesellschaft immer noch Tabuthemen. Am liebsten möchte man sich damit gar nicht beschäftigen. Geschwister, die das Thema ansprechen, werden oft Ableh-

nung zu spüren bekommen und Sätze hören wie: »Mama und Papa schaffen das schon noch.« oder »Willst du sie jetzt in ein Heim abschieben, oder was?« Oder auch nur: »Lass doch, das hat noch Zeit.« Ja, zum Glück hat man meist noch Zeit. Manchmal aber hat man eben auch das Gefühl, es kann nicht mehr lange dauern und die Eltern brauchen uns – oder jemand anderen. Lassen Sie sich also nicht abschrecken und recherchieren Sie ruhig. Auch wenn Ihre Eltern noch jahrelang gut klarkommen: Sie – und wohl auch Ihre Geschwister – werden es Ihnen danken, wenn Sie im Notfall bereits gut informiert sind.

Informationen vor Ort

WISO Tipp

Gehen Sie nicht voreilig einen Vertrag ein. Seriöse Anbieter merken Sie auf Listen vor, verpflichten Sie jedoch zu nichts. Sie können sich auch für mehre Heime vormerken lassen. Allerdings nicht endlos. Wenn Sie Angebote des Heims mehrfach ausschlagen, wird man Sie von der Liste streichen.

Viele Städte und Gemeinden veranstalten Informationsabende, in denen sie ihre Pflegeeinrichtungen vorstellen. Oft gibt es in den Heimen Tage der offenen Tür. Nutzen Sie die Gelegenheit und schauen Sie sich um. Solange Sie beziehungsweise Ihre Angehörigen noch nicht pflegebedürftig sind, haben Sie die Chance, selbst zu entscheiden, wo Sie leben wollen. Gehen Sie mit Ihrem Angehörigen einmal in einem Heim Kaffeetrinken. Gefällt es ihm? Ist es vielleicht nicht ganz so schrecklich, wie Sie dachten? Ist ihm die Cafeteria zu laut? Es gibt sicher weitere Heime in Ihrem Umkreis. Sie haben die Wahl!

Schöne, gepflegte Heime sind gefragt. Freundliches Personal spricht sich herum. Gefällt Ihnen ein Heim, sind Sie sicher nicht der Einzige. Viele Heime bieten Listen an, auf denen man sich unverbindlich vormerken lassen kann. Das gilt auch für betreutes Wohnen. Die Zimmer oder Appartements zum Garten sind immer zuerst weg. Die Räume zur Straße hin sind die, die man oft angeboten bekommt, wenn es schnell gehen muss. Lassen Sie sich diese Chance nicht entgehen und treffen Sie Ihre Entscheidung.

Fazit

Leider kommt der Moment, in dem Sie für sich oder für Ihre Eltern über die richtige Pflegeumgebung nachdenken müssen, meist sehr plötzlich. Oftmals bleiben Ihnen nur wenige Tage, eine Entscheidung zu treffen. Ihre Mutter fällt hin, wird im Krankenhaus behandelt und der Sozialdienst des Krankenhauses teilt Ihnen mit, dass sie auf keinen Fall in ihr Haus zurückkehren kann. Ihr Mann wird zusehends verwirrter und findet von einem Spaziergang auf einmal nicht mehr nach Hause zurück. Sie merken, diese Verantwortung wird zu viel für Sie. Solche Erlebnisse oder die daraus folgenden Entscheidungen können wir Ihnen mit diesem Kapitel weder ersparen noch abnehmen. Doch hoffentlich konnten wir etwas anderes: Sie darauf vorbereiten, solange Sie noch nicht in der Situation sind. Und die Kriterien aufzeigen, die nötig sind, um Entscheidungen zu treffen. Zu Hause oder im Heim? Selber pflegen oder pflegen lassen? Es gibt kein »richtig« oder »falsch«. Es gibt keine Einheitslösung. Jeder Fall ist einzigartig, sodass Sie sich aus den zahlreichen Möglichkeiten die für Sie beste heraussuchen können. Es sind schwere Entscheidungen, aber glauben Sie uns: Sie schaffen das!

Elternunterhalt

Eltern sorgen für ihre Kinder. Ja, das ist die Regel. Doch im Alter kehrt sich diese Regel oft um. In diesem Kapitel kümmern wir uns um die Fragen: Wer kommt für die Kosten der Pflege auf, wenn die Eltern es finanziell nicht können? Wie groß ist der Anteil von Ihrem Einkommen, den Sie dafür verwenden müssen? Wozu sind Sie verpflichtet?

Wann müssen Kinder für ihre Eltern zahlen?

In unserer Kindheit und Jugend waren unsere Eltern die Geldgeber. Die, die uns finanziell unterstützten, uns erst Hobbys und später eine Ausbildung ermöglicht haben. Sie haben vielleicht ein Haus gebaut, in dem wir gewohnt haben, und es über lange Jahre abbezahlt. Sie haben gespart für unsere Zukunft und für ihren eigenen Lebensabend. Und doch übertreffen die Kosten eines Pflegefalls oft nicht nur ihre finanziellen Mittel, sondern auch unsere Vorstellung: denn Pflege ist extrem teuer.

Pflege ist extrem teuer.

Wenn Sie bei dem Begriff »Elternunterhalt« aufhorchen, stehen Sie vermutlich gerade mitten im Leben. Sie haben vielleicht selbst eine Familie, haben heranwachsende Kinder, einen Job. Ein Pflegefall in der Familie erfordert viel Kraft, Zeit – und eben auch Geld.

So stellt sich Ihnen nun möglicherweise nicht nur die Frage, wo und von wem der Pflegebedürftige gepflegt und betreut wird, sondern auch, wer für die anfallenden Kosten aufkommt. Auch wenn Ihr Angehöriger in eine der Pflegestufen eingeteilt wird, kann es gut sein, dass er mit dem Pflegegeld und einer mäßigen Rente alleine nicht auskommt. Die tatsächlichen Kosten der Pflege übersteigen die Pflegesätze in der Regel deutlich.

Wenn Ihr Vater oder Ihre Mutter in einem Heim gepflegt werden muss und die Kosten selbst nicht mehr bezahlen kann, wird Sozialhilfe beantragt. Das heißt: Zunächst übernimmt das Sozialamt die Kosten, die für die Pflege anfallen, aber durch das Einkommen und Vermögen Ihrer Eltern zuzüglich der Beiträge der Pflegeversicherung nicht gedeckt sind. Anschließend jedoch kann das Sozialamt den oder die Unterhaltspflichtigen in Regress nehmen. Das Sozialamt springt also erst einmal ein, versucht aber dann, sich diese Ausgaben zurückzuholen – und zwar bei den Unterhaltspflichtigen, also zumeist den Kindern. Dann müssen Sie zahlen.

Das Sozialamt übernimmt zunächst (!) die nicht gedeckten Kosten.

Wer ist unterhaltspflichtig?

Im Allgemeinen können nur Verwandte in gerader Linie zum Unterhalt herangezogen werden. Das heißt, wenn es um Pflege geht, sind Sie als Kind oder Enkelkind betroffen. Die Ehepartner der Kinder sind zunächst ausgenommen. Es gibt allerdings Fälle, in denen dennoch die sogenannte Schwiegerkindhaftung eingetreten ist, das heißt, dass auch das Einkommen der Ehepartner der unterhaltspflichtigen Kinder mit in die Berechnung einfließt. Dazu später mehr.

Bevor Sie aber vom Sozialamt zur Zahlung herangezogen werden, müssen zwei Dinge grundsätzlich geklärt und festgestellt werden: Die Bedürftigkeit Ihrer Eltern und Ihre Leistungsfähigkeit. Einfacher ausgedrückt: Es wird überprüft, ob Ihre Eltern tatsächlich nicht die Mittel haben, die Pflegekosten selber zu zahlen, und ob Sie wiederum in der Lage sind, für sie einzuspringen.

Wann sind Ihre Eltern bedürftig?

Was bedeutet bereinigtes Einkommen?

Bedürftig im rechtlichen Sinne sind Ihre Eltern erst, wenn sie alle nennenswerten Vermögenswerte zu Geld gemacht haben und das sogenannte bereinigte Einkommen voll für die Pflege eingesetzt wurde. Zum Vermögen gehören grundsätzlich

- alle ihre Einnahmen, Renten und Pensionen,
- Einnahmen aus Miete und Verpachtungen,
- Einkünfte aus Kapitalvermögen und Nießbrauchrechten.

Nicht dazu zählen

- die Grundrente nach dem Bundesversorgungsgesetz (BVG),
- Blindengeld,
- eventuell bezogenes Schmerzensgeld,
- Geschenke, wenn es sich um kleine Beträge zu einem besonderen Anlass wie Geburtstag, Weihnachten, Silber-/Goldhochzeit oder Ähnliches handelt.

Das sogenannte bereinigte Einkommen berechnet sich aus dem sich daraus ergebenden Einkommen abzüglich Einkommensteuer, Sozialversicherungsbeiträge und Beiträge zu anderen gesetzlich vorgeschriebenen und angemessenen Versicherungen sowie geförderte Altersvorsorgebeiträge bis zur Höhe des Mindesteigenbetrags.

Auskunftspflicht

Es mag Ihnen unangenehm sein, doch es ist Teil des normalen Vorgangs, um die Pflichten festzustellen. Ihre Eltern sind in diesem Fall Ihnen gegenüber verpflichtet, über ihr Vermögen Auskunft zu geben. Es ist daher sinnvoll, eine Aufstellung aller Vermögenswerte zu machen, um sicher zu sein, dass alle Möglichkeiten ausgeschöpft sind.

Es gibt nur wenig, das nicht eingesetzt werden muss, um den Unterhalt zu bestreiten. Das ist das sogenannte Schonvermögen: Dazu gehören im

Was alles zum Schonvermögen gehört

Allgemeinen der Hausrat und persönliche Gegenstände. »Geschont« werden Dinge wie Bücher, CDs, Bilder et cetera, also Dinge, die künstlerische, geistige und wissenschaftliche Bedürfnisse befriedigen. Luxusgüter dagegen müssen verkauft werden. Als Schonvermögen gelten:

Schonvermögen
Angemessener Hausrat
Möbel
Haushaltsgeräte
Wäsche
Kleidung
Familienerbstücke
Schmuck
Bilder
Kunstgegenstände
Musikinstrumente
CDs
DVDs
Fotoapparate
Bücher

Zum Vermögen, das für die Pflege und den Unterhalt eingesetzt werden muss, zählt in jedem Fall das Barvermögen, ebenso wie Anlagevermögen, also Aktien und Versicherungen – selbst dann, wenn der Verkauf dieser Anlagen einen Verlust bedeutet.

Ebenso müssen Immobilien verkauft werden. Ob das elterliche Haus verkauft werden muss, ist davon abhängig, wer dort zurzeit wohnt. Lebt einer der Ehepartner noch dort, wird weitgehend davon abgesehen. Es hängt jedoch wiederum davon ab, wie es ausgestattet ist, wie groß es ist und welchen Preis man durch einen Verkauf erzielen könnte.

Haben Ihre Eltern geerbt? Dann ist auch dieses Vermögen für die Bezahlung der Pflegekosten zu verwenden. Einzelne Erbstücke, die vom Verstorbenen für einen besonderen Zweck vorgesehen wurden, können davon ausgenommen sein.

Sie merken – es gibt eine Menge »können«, eine Vielzahl an Auslegungsmöglichkeiten und an Eventualitäten. Letztlich gehen die Urteile darüber, was zum verwertbaren Vermögen und was zum Schonvermögen gehört, weit auseinander, je nach Bundesland oder auch Sozialamt. Bislang gibt es keine klare und einheitliche Richtlinie. Übrigens: Ihre Eltern können Ihnen gegenüber nicht freiwillig auf Unterhalt verzichten. Eine derartige Vereinbarung ist nichtig.

Unterhaltspflicht bei Ehepartnern

Müssen beide Ehepartner in ein Heim, so sind sie verpflichtet, ihr gesamtes Nettoeinkommen für die anfallenden Heim- und Pflegekosten zu verwenden. Anders sieht die Situation aus, wenn nur einer der Eheleute pflegebedürftig wird und zur Kurzzeitpflege oder für eine kurze Zeit in ein Pflegeheim kommt, der andere jedoch weiterhin im gemeinsamen Heim lebt. Hier wird in der Regel berechnet, welche Unterkunfts- und Verpflegungskosten im eigenen Haus oder in der eigenen Wohnung eingespart werden. Dieser Betrag muss nun eingesetzt werden, um den Heimplatz oder auch die vorübergehende Pflege in einer Kurzzeitpflegestelle zu bezahlen.
Sollte einer der Ehepartner auf Dauer in einem Pflegeheim leben, darf wiederum das gemeinsame Einkommen herangezogen werden. Berücksichtigt werden allerdings individuell, welcher Geldbetrag dem Haushalt weiterhin zur Verfügung stehen muss, damit der dort lebende Ehepartner nicht selbst Sozialhilfe beantragen muss. Gleiches gilt, wenn in dem Haushalt noch minderjährige Kinder leben.

Unterhaltspflicht der Kinder

Die Auskunftspflicht, die für Ihre Eltern gilt, gilt auch für Sie. So wie Sie von Ihren Angehörigen eine Aufstellung der bestehenden Einkommens- und Vermögensverhältnisse verlangen dürfen, können diese das von Ihnen fordern. Wenn Ihre Eltern selber nicht für ihren Unterhalt aufkommen können, wird das Sozialamt auf Sie zukommen, um zu klären, inwieweit Sie in der Lage und in der Pflicht sind, für Ihre Eltern einzustehen.
Der Brief, der Ihnen in diesem Fall vom Sozialamt zugeschickt wird, nennt sich »Überleitungsanzeige«.

Das bedeutet, dass der eigentlich zwischen Ihnen und Ihrem Angehörigen bestehende Unterhaltsanspruch auf das Amt übergeleitet wird. Damit ist dann meist die Aufforderung verbunden, über Ihre Einkünfte Auskunft zu geben.

Das Gleiche gilt für Ihre Geschwister. Jeder unterhaltspflichtige Verwandte – in diesem Fall also alle Geschwister – ist, anteilig der Vermögensverhältnisse, verpflichtet zu zahlen. Insofern muss auch jeder, der für Unterhaltszahlungen infrage kommt, seine Vermögensverhältnisse offenlegen. Diese Pflicht erstreckt sich zunächst nicht auf die Einkommenslage der Partner der Geschwister (siehe Schwiegerkindhaftung).

Selbstbehalt

Bei der Berechnung der Unterhaltspflicht der Kinder für ihre Eltern hat jeweils der eigene Lebensbedarf, also der Ihrer Familie und der Ihrer Geschwister, Vorrang. Daraus ergibt sich ein Anspruch auf Selbstbehalt. Dieser liegt derzeit bei 1500 Euro Nettoeinkommen. Das heißt, Sie müssen sich finanziell an den Pflegekosten Ihrer Eltern beteiligen, wenn Ihr Gehalt darüber liegt. Der tatsächliche Selbstbehalt ist einzelfallabhängig. Er wird unter anderem dadurch beeinflusst, ob Ihr Ehepartner ein eigenes Einkommen hat oder Sie unterhaltsberechtigte Kinder zu versorgen haben. Man gesteht Ihnen außerdem einen Betrag für Ihre eigene Altersvorsorge zu. Auch wenn Sie bereits einen laufenden Kreditvertrag haben, müssen diese Raten berücksichtigt werden. 50 Prozent von dem, was nach der Berechnung des Selbstbehalts übrig ist, darf das Sozialamt zur Begleichung der Kosten fordern. Aber auch hier ist die Berechnungsweise von Sozialamt zu Sozialamt, von Gemeinde zu Gemeinde unterschiedlich. Kurz gesagt: Es gibt keine einheitliche Regelung dafür, was bei Ihnen unter Schonvermögen fällt.

WISO Tipp

Im Zweifel sollten Sie einen versierten Rechtsanwalt mit Fachgebiet »Elternunterhalt« hinzuziehen, der den Berechnungsbescheid des Sozialamts für Sie überprüft und gegebenenfalls anfechten kann.

Das Sozialamt wird Ihnen einen Auskunftsbogen zusenden, den Sie wahrheitsgemäß ausfüllen müssen. Erfahrungsgemäß können aber meist mehr Ausgaben geltend gemacht werden, als dieser Bogen Möglichkeiten bietet. Hier einige Ausgaben und Kosten, die Sie geltend machen sollten:

Auch das fällt unter das Schonvermögen
Andere, »ranghöhere« Unterhaltspflichten
Ratenkredite
Abzahlung des Eigenheims

Versicherungen
Vereinsbeiträge
Beiträge für Sportvereine
Kosten für den Musikunterricht der Kinder
Altersvorsorge
Berufsaufwendungen

Ihre Auskunft dem Sozialamt gegenüber heißt allerdings noch nicht, dass Sie auch zahlen müssen. Meist dauert es eine Weile, bis Sie wieder vom Amt hören. Erst wenn eine Zahlungsaufforderung eintrifft, müssen Sie sich damit auseinandersetzen.

Schwiegerkindhaftung

Eigentlich gilt: Wenn Ihre Mutter zum Pflegefall wird und die Versorgung nicht aus eigenen Mitteln zahlen kann, springen Sie als Tochter/Sohn ein – nicht aber Ihr Ehepartner. Dennoch haben Sozialämter häufiger schon auf das Vermögen von Ehepartnern zugegriffen – mit der Begründung, er/sie verdiene zu viel beziehungsweise der direkt Unterhaltspflichtige hat kein oder nur ein sehr geringes Einkommen.

Ist das Familieneinkommen also beispielsweise durch das hohe Einkommen Ihres Partners mehr als gedeckt, kann das Sozialamt von Ihnen verlangen, Ihr kleines Gehalt voll für den Unterhalt Ihrer Mutter einzusetzen. Und zwar ohne Selbstbehalt, weil Sie ja weiterhin durch das Vermögen Ihres Partners gesichert sind.

Haben Sie gar kein eigenes Einkommen, Ihr Partner wiederum ein überdurchschnittliches, geht das Sozialamt von einem sogenannten Taschengeldanspruch aus. Das heißt, man nimmt an, Sie erhalten von Ihrem Partner ein solches. Davon kann das Sozialamt dann beispielsweise die Hälfte verlangen. Damit greift man indirekt auch auf das Einkommen des Partners zurück – man spricht umgangssprachlich von der »verdeckten« Schwiegerkindhaftung.

Schenkungen

Mit warmer Hand schenken – das heißt, den Nachkommen etwas überlassen, bevor man stirbt –, das wollen viele Menschen. Vielleicht lag Ihren Eltern am Herzen, Ihnen vorzeitig einen Teil ihres Vermögens zu vermachen, weil sie glauben, dass gerade jetzt Sie, ihre Kinder, das Erbe gebrauchen können: Weil Sie gerade ein Haus bauen, weil ein Enkel zur Welt kommt oder weil sie selber genug zum Leben haben. Also wollen sie jetzt schenken, statt es später zu vererben. Eine schöne Idee. Allerdings nur, solange die Verschenkenden tatsächlich für ihren Unterhalt sorgen können.

Tritt der Pflegefall bei Ihren Eltern dann schneller als erwartet ein, kann der Staat beziehungsweise das Sozialamt auch hier eingreifen. Es kann verlangen, dass die Schenkung an Sie rückgängig gemacht wird. Schließlich soll verhindert werden, dass jemand sein ganzes Vermögen beizeiten an Angehörige verschenkt und dann letztlich der Steuerzahler für die Sozialhilfe beziehungsweise die Pflegekosten aufkommen muss.

Generell gilt, dass nur Schenkungen, die zehn Jahre und weniger zurückliegen, zurückgefordert werden dürfen. Diese Regelung bezieht sich nicht nur auf Bargeld, sondern auch auf Immobilien und andere Vermögenswerte. Zum Thema Schenkungen und Nießbrauch finden Sie noch weitere Ausführungen im Kapitel Erben und vererben.

Veränderung der Verhältnisse und Ende der Unterhaltspflicht

Neuberechnung der Unterhaltspflicht

Sie zahlen für den Unterhalt des Vaters und verlieren überraschend Ihren Arbeitsplatz. Oder Ihr Ehepartner wird arbeitslos und Ihr Gehalt wird zum einzigen Einkommen. Keine Angst, in diesem Fall sind die bisherigen Berechnungen haltlos. Sämtliche Veränderungen Ihrer Vermögens- und Einkommensverhältnisse führen dazu, dass Ihre Pflicht, für den Unterhalt Ihrer Angehörigen aufzukommen, neu berechnet wird.

Ihre Mutter spielt schon ihr Leben lang Lotto – und gewinnt nun tatsächlich. Sicher ein Szenario, das höchst selten vorkommt. Dennoch ist auch eine Veränderung der finanziellen Verhältnisse der zu Pflegenden vorgesehen. Die Pflicht, für den Unterhalt Ihrer Angehörigen aufzukommen, erlischt, wenn sie ihre Pflegekosten aus eigenen Mitteln bezahlen können. Das könnte eine Erbschaft, aber auch ein Lottogewinn sein.

Verwirkung des Unterhaltsanspruchs

Es gibt wenige Ausnahmen, die dazu führen, dass Kinder nicht für die Pflege ihrer Eltern mit aufkommen müssen. Das ist der Fall, wenn die Eltern durch ihr Verhalten diesen Anspruch selbst verwirkt haben. Das kann sein, wenn die Eltern durch Drogenabhängigkeit, Alkoholismus oder Spielsucht ihr Vermögen durchgebracht haben. Dazu gehören aber auch Misshandlungen und Missbrauch des Kindes. Derart schwere Verfehlungen führen dazu, dass der Unterhaltsanspruch der Eltern gegen ihre Kinder gemindert wird oder auch ganz entfällt.

Der Unterhaltsanspruch ist ebenfalls verwirkt, wenn Ihre Eltern bei der Fürsorge für ihre Kinder selbst grob ihre Pflicht verletzt haben. So eine Pflichtverletzung kann durchaus bereits Jahre oder Jahrzehnte zurückliegen. Wenn Eltern beispielsweise ihre Kinder nicht selbst großgezogen haben, sondern dies ihren Eltern, den Großeltern der Kinder, überlassen haben, können die Kinder ablehnen, für die Pflege der Eltern zu zahlen.

Wenn allerdings ein Kontaktabbruch zwischen Ihnen und Ihrer Mutter oder Ihrem Vater kein Fehlverhalten der Eltern war, sondern zum Beispiel durch eine psychische Krankheit verursacht wurde, können Sie als Kind trotz dauerhaft fehlendem Kontakt zur Unterhaltszahlung herangezogen werden.

Fazit

Die finanziellen Grenzen der Pflegeversicherung sind eng. Schon jetzt ist absehbar, dass es für mehr und mehr zu Pflegende immer weniger Geld geben wird. Aus diesem Grund werden auch mehr und mehr Kinder zur Kasse gebeten, wenn es darum geht, die Pflege ihrer Eltern zu finanzieren. Doch eine Aufforderung, Ihre Vermögensverhältnisse offenzulegen, ist noch keine Zahlungsverpflichtung. Mit unserer Übersicht in diesem Kapitel haben wir Ihnen detailliert beschrieben, was auf Sie zukommen kann, wie Sie reagieren sollten, welche Rechte und Pflichten Sie und Ihre Angehörigen haben und in welchem Umfang Sie verpflichtet werden können, zu zahlen – und wann nicht.

Versicherungen für Senioren

Lange Jahre waren Senioren keine besondere Zielgruppe von Banken und Versicherungsunternehmen. Das hat sich geändert. Weil die Gruppe der über 60-Jährigen größer wird. Und wohl auch, weil heutzutage viele ältere Menschen über mehr Geld verfügen als früher. So gibt es immer mehr spezielle Versicherungen für Menschen jenseits der 60. Doch was davon ist sinnvoll? Was die Vertreter selten erzählen: Manche Versicherungspolice sollte sogar besser gekündigt werden. Welche das sind, erfahren Sie in diesem Kapitel.

Versicherungs-Check: Diese Versicherungen brauchen Ihre Eltern

Wenn beide Elternteile im Ruhestand sind, wird die Anzahl notwendiger Versicherungen immer überschaubarer. Hier geben wir Ihnen einen kurzen Überblick.

Eine private Haftpflichtversicherung ist weiterhin unverzichtbar, denn Schäden bei anderen kann man in jedem Alter anrichten – und zwar in nahezu unbegrenzter Höhe. Wenn Ihre Eltern einen Hund oder ein Pferd besitzen, ist auch eine Tierhalterhaftpflicht nötig. Wer einen Öltank hat, braucht eine Gewässerschadenhaftpflicht (siehe Seite 87) Eine Kfz-Haftpflicht ist für Autobesitzer ohnehin Pflicht, Senioren können hier aber Prämien sparen (siehe Seite 86).

Weiterhin unverzichtbar sind für Hausbesitzer auch die Wohngebäudeversicherung sowie für Mieter und Hausbesitzer eine Hausratversicherung, für Wohnungsbesitzer und Vermieter von Immobilien auch die Haus- und Grundbesitzerhaftpflicht (siehe Seite 88).

Bei einer Unfallversicherung jedoch gilt ein »Ja, aber«: Einerseits steigen die Beiträge stark an, zudem gewähren etliche Versicherer Senioren keinen Versicherungsschutz mehr. Andererseits sind gerade Senioren unfallgefährdet. Hier könnten spezielle Unfallversicherungen für die Generation 50plus mit sogenannten Assistance-Leistungen sinnvoll sein (siehe Seite 104).

Viele Senioren reisen gern. Doch nicht alle Reiseversicherungen sind auch sinnvoll (siehe Seite 107).

Sehr sinnvoll sind allerdings Zusatzpolicen wie die Zahnzusatzversicherung oder eine stationäre Zusatzversicherung sowie eine Pflegezusatzversicherung. Sie sind aber entweder teuer oder werden für über 65-Jährige nicht angeboten (siehe Seite 117).

Eine Rechtsschutzversicherung ist keine notwendige Versicherung. Zudem sinkt im Ruhestand das Risiko, in Rechtsstreitigkeiten verwickelt zu werden – mit einer Ausnahme: im Straßenverkehr. Insofern ist ein Verkehrsrechtsschutz für Senioren weiterhin sinnvoll (siehe Seite 120).

Sterbegeldversicherungen sind oft zu teuer (siehe Seite 121).

Eine (private) Rentenversicherung ist keine klassische Versicherung, sondern eine Wette auf ein langes Leben (siehe Seite 123). Und: Was tun, wenn die private Krankenversicherung im Rentenalter zu teuer wird (siehe Seite 127)?

Folgende Policen sollten gekündigt werden: eine Berufsunfähigkeitsversicherung. So nötig sie im Erwerbsleben ist, für Rentner ist sie überflüssig. Ebenso verhält es sich mit einer Risikolebensversicherung. Ausnahme: Für einige Jahre soll noch eine nicht schuldenfreie Immobilie abgesichert werden. Das ist bei einigen Versicherungen längstens bis zum 70. Lebensjahr möglich. Im Folgenden erläutern wir die für Senioren infrage kommenden Versicherungen.

Private Haftpflichtversicherung

Ein Unglück ist auch im Seniorenalter schnell passiert: Ihre Eltern besuchen die Nachbarin, doch leider übersehen sie die chinesische Vase am Eingang, die daraufhin zu Bruch geht. Ein Schaden, bei dem es nicht nur mit einer Entschuldigung getan ist – es wird erwartet oder sie sind sogar verpflichtet, dafür finanziell aufzukommen. Ein Versicherungsexperte nannte einen Haftpflichtschaden einmal treffend »das Gegenteil von einem Lottogewinn«.

Denn theoretisch haften Sie unbegrenzt – auch für Millionenschäden und auch, wenn es nur ein Versehen war. Im Gesetz (§ 823 BGB) heißt es dazu: »Wer vorsätzlich oder fahrlässig das Leben, den Körper, die Gesundheit, die Freiheit, das Eigentum oder ein sonstiges Recht eines anderen widerrechtlich verletzt, ist dem anderen zum Ersatz des daraus entstandenen Schadens verpflichtet.«

WISO Tipp

Überprüfen Sie regelmäßig die versicherte Deckungssumme! Sonst kann es sein, dass nach einigen Jahren die Versicherung viel zu niedrig ist. Früher reichte noch eine Deckungssumme von 1 Million Euro, heute sollten es mindestens 5 bis 10 Millionen Euro sein. Fragen Sie Ihren Versicherer auch nach zusätzlichen Leistungen wie der Ausfalldeckung (siehe unten)! Oder schließen Sie gleich einen neuen Vertrag bei einem günstigeren Anbieter ab.

Was ist versichert?

Die private Haftpflichtversicherung kann und soll Sie vor derartigen finanziellen Folgen bewahren. Und sie stellt auch eine Art Rechtsschutz dar, denn sie wehrt unberechtigte Ansprüche ab: Die Versicherung prüft immer, ob überhaupt Ansprüche Dritter bestehen. Kommt es zum Prozess, vertritt die Versicherung Sie vor Gericht und übernimmt Prozess- und Regulierungskosten.

Das heißt aber auch, dass die Versicherung nicht zahlt, wenn Sie keine Schuld am Unglück haben. Kinder bis zum Alter von sieben Jahren haben laut Gesetz nie Schuld (sie sind nicht »deliktsfähig«). Bei Erwachsenen können Bewusstlosigkeit und psychische Krankheiten zur Deliktsunfähigkeit führen. Doch allein die Tatsache, dass ein Mensch unter rechtlicher

Betreuung steht, führt nicht zur Deliktsunfähigkeit. Für diese Fälle gibt es spezielle Haftpflichtversicherungen.

Kommt die Versicherung zu dem Schluss, dass Ansprüche bestehen, zahlt sie den Geschädigten aus. Allerdings nur bis zur Höhe der versicherten Deckungssumme und natürlich abzüglich einer vereinbarten Selbstbeteiligung!

Was ist nicht versichert?

Neben den Unglücken, die ohne Verschulden passiert sind, gibt es meist weitere Ausschlüsse:

- Selbst erlittene Schäden
- Vorsätzlich herbeigeführte Schäden
- Schäden durch Nutzung eines Kraftfahrzeugs (außer Arbeitsmaschinen bis zu 20 km/h oder andere Kraftfahrzeuge bis zu 6 km/h Höchstgeschwindigkeit)
- Schäden, die aus einer beruflichen oder gewerblichen Tätigkeit entstanden sind
- Ansprüche von Angehörigen oder Lebenspartnern, die im selben Haushalt wohnen oder im selben Vertrag mitversichert sind
- Schäden an geliehenen, gemieteten, gepachteten oder durch Eigenmacht erlangten Sachen (gegebenenfalls werden aber verlorene fremde Schlüssel einer Schließanlage ersetzt)
- Schäden durch Halten oder Hüten von Hunden, Pferden, wilden Tieren, Rindern oder sonstigen Reit- und Zugtieren sowie von Tieren, die zu landwirtschaftlichen oder gewerblichen Zwecken gehalten werden
- Glasschäden, sofern anderweitig versicherbar
- Schäden an Heizungs- und Warmwasserbereitungsanlagen, an Elektro- und Gasgeräten
- Schäden durch Vermietung von Wohneigentum
- Ansprüche aus Bauvorhaben, sofern die Bausumme die Deckungssumme übersteigt

WISO Tipp

Bei Neu-Rentnern reduziert sich die jährliche Fahrleistung oft erheblich. Teilen Sie dies dem Versicherer mit und senken Sie damit den Beitrag! Ebenfalls senken Senioren den Beitrag, wenn sie ihr Auto nur noch allein fahren und dies der Versicherung mitteilen. 5 bis 10 Prozent weniger sind dann drin! Und: Wenn eine Hälfte des Rentnerpaares nicht mehr fahren will, kann die andere den Rabatt übernehmen oder an die Kinder übergeben.

Schäden bei Dritten durch das Führen eines Autos begleicht die Kfz-Haftpflicht. Bei Schäden am eigenen Hausrat kommt die Hausratversicherung auf, bei Schäden am eigenen Körper gegebenenfalls die private Unfallversicherung.

Wichtige Extras

Im Gegensatz zu früher gibt es heute deutliche Unterschiede bei den Versicherungsbedingungen. So können Schäden deliktsunfähiger Kinder oft versichert werden. Versichert werden können aber zum Beispiel auch Forderungsausfälle oder Schäden durch Gefälligkeiten.
Wichtig für Sie könnte auch die Leistung der sogenannten Ausfalldeckung sein. Hier reguliert Ihre Versicherung ausnahmsweise Schäden, die Sie selbst erlitten haben, wenn der Verursacher nicht bekannt ist oder nicht zahlen kann, weil er pleite und nicht versichert ist.
Wichtig ist auch die Absicherung von sogenannten Allmählichkeitsschäden. Im Gegensatz zu anderen Schäden treten diese Schäden erst nach längerer Zeit auf beziehungsweise werden erst dann sichtbar, wie zum Beispiel ein Wasserschaden durch ein tropfendes Rohr.
Auch ein etwaiger Schlüsselverlust sollte versichert werden – jedenfalls immer dann, wenn der Verlust des Schlüssels teuer werden kann – wenn zum Beispiel die gesamte Schließanlage eines Mietshauses ersetzt werden müsste.
Der »Regressverzicht bei Sozialversicherungsträgern« schützt Sie vor Forderungen gegnerischer Krankenkassen, wenn Sie jemanden unabsichtlich – zum Beispiel beim Sport – so verletzt haben, dass dieser ärztlich behandelt werden musste.

Gewässerschadenhaftpflicht

Sinnvoll kann auch die Absicherung von Gewässerschäden sein. Als Besitzer eines Öltanks ist das sogar ein Muss! Dafür gibt es extra eine Gewässerschadenhaftpflichtversicherung.
Die Kosten richten sich danach, wo der Öltank steht und wie groß er ist. Steht er im Keller oder auf dem Grundstück, gilt das als »oberirdisch«. Die Kosten für einen 10 000-Liter-Tank betragen etwa 60 Euro ohne Selbstbeteiligung pro Jahr. Für einen gleich großen, aber vergrabenen Tank werden schon etwa 90 Euro fällig. Doch diese Summen erscheinen verhältnismäßig gering, wenn man bedenkt, dass ein Gewässerschaden schnell mehrere Zehntausend Euro kosten kann, im Extremfall sogar noch weit mehr.

Haus- und Grundbesitzerhaftpflichtversicherung

Diese Versicherung brauchen Vermieter oder Besitzer einer Eigentumswohnung. Sie versichert Schäden, die Dritte durch Ihr Haus, Ihre Wohnung oder Ihr Grundstück erleiden. Denn die sind – im Gegensatz zum selbst bewohnten Haus – nicht durch die Privathaftpflicht abgesichert. Wählen Sie mindestens eine Versicherungssumme von 3 Millionen Euro pauschal für Personen- und Sachschäden.

Zusatzversicherungen für Hobbys und Tiere

Auch für mehr oder minder gefährliche Hobbys zahlt die normale Haftpflichtversicherung nicht. Dazu zählt übrigens auch die Hundehaltung, denn Hunde können auch mal zubeißen! (Die Kratzer der eigenen Katze auf dem fremden Auto sind dagegen über die normale Haftpflicht abgesichert!)
Auch wenn Sie nur Nachbars Hund hüten, sind Sie für die Schäden, die dieser Hund anrichtet, verantwortlich. Ebenso wenn Sie auf eigenen oder fremden Pferden reiten. Deshalb ist die Tierhalterhaftpflicht in diesen Fällen ein Muss!
Folgende Risiken durch Tiere beziehungsweise Hobbys lassen sich (und sollten Sie, wenn Sie davon betroffen sind!) mit einer Extra-Haftpflicht absichern:

- Hundehaltung und Reiten
- Fliegen von motorgetriebenen Modellflugzeugen
- Schusswaffenbesitz zu Jagdzwecken

An dieser Stelle sollten wir auch das Thema Tierkrankenversicherung ansprechen: Viele Senioren haben Tiere und sind daher empfänglich für das Angebot, dass eine Versicherung für die Krankheitskosten ihres Lieblings aufkommt. Doch das ist oft ein Trugschluss. Solche Versicherungen gibt es in zwei Varianten: als Operationskostenversicherung und als Krankenversicherung. Im ersten Fall sind die Kosten für Vorbereitung und Durchführung einer Operation unter Narkose versichert. Im zweiten Fall ist jede Behandlung beim Tierarzt versichert, außerdem Impfungen und Wurmkuren. Doch oft sind solche Versicherungen zu teuer oder haben zu viele Ausschlüsse. Besser ist es, wenn der Tierbesitzer selbst etwas zurücklegt!

Seniorentarife

Auch bei der Privathaftpflichtversicherung werden günstige spezielle Seniorentarife angeboten. Prüfen Sie aber vor Abschluss das Leistungsangebot! Fragen Sie gegebenenfalls den Anbieter danach, welche Leistung für den günstigeren Preis weggelassen wurde. Und – nicht zuletzt: Vergleichen Sie mit anderen Angeboten. Denn hier könnte es günstiger sein – und zwar ganz ohne »Senioren-Bonus«! Günstige Anbieter bieten vernünftige Haftpflichtverträge schon für rund 80 Euro im Jahr an.

Hausratversicherung

Hausrat- und Wohngebäudeversicherungen (siehe Seite 95) sollen vor den finanziellen Folgen schützen, die durch den teilweisen oder ganzen Verlust der Einrichtung oder sogar des ganzen Hauses entstehen können.
Hausratversicherungen erfreuen sich großer Beliebtheit in Deutschland. Zwar sind die tatsächlich gemeldeten Schäden meist eher gering. Die Angst davor, zum Beispiel bei einem Wohnungsbrand völlig ohne Einrichtung dazustehen, bewegt jedoch etwa drei Viertel aller Haushalte, eine Hausratversicherung abzuschließen. Das liegt wohl auch daran, dass eine Hausratversicherung relativ billig ist: Im Schnitt zahlt ein Haushalt dafür knapp 100 Euro im Jahr.
Brände stehen mit etwa 40 Prozent an der Spitze der Schadensursachen, gefolgt von Einbrüchen (gut 30 Prozent) und Leitungswasserschäden (20 Prozent). Gezahlt wird auch für Schäden durch direkten Blitzschlag, Vandalismus, Sturm, Hagel und – was gottlob selten ist – Flugzeugabstürze.
Doch nicht immer zahlt die Versicherung: Fällt zum Beispiel die brennende Zigarette auf den Teppich, ist das kein Brand im Sinne der Versicherungsbedingungen. Entzündet die gleiche Zigarette allerdings den Vorhang, der daraufhin in Flammen aufgeht, muss die Versicherung zahlen.
Auch bei Einbrüchen verlangt die Versicherung, dass zum Beispiel Einbruchsspuren zu sehen sind. Wer Tür oder Fenster offen stehen lässt und Einbrecher geradezu »einlädt«, läuft Gefahr, leer auszugehen. Allerdings gibt es hier neuerdings eine Ver-

WISO Tipp

Für Schäden, die durch das Wasser in einer Wohnung unter Ihnen entstehen, zahlt Ihre Hausratversicherung nicht! Dafür brauchen Sie eine Privathaftpflicht. Allerdings erhielte der geschädigte Mieter von Ihrer Haftpflicht nur den Zeitwert. Falls er eine Hausratversicherung hat, sollte er diese in Anspruch nehmen, denn die muss den Neu- beziehungsweise Wiederbeschaffungswert zahlen. Das gilt auch, wenn der über Ihnen Wohnende bei Ihnen einen Wasserschaden verursacht: Statt seiner Haftpflichtversicherung nehmen Sie lieber Ihre Hausratversicherung in die Pflicht!

besserung für die Kunden: Galt früher das »Alles-oder-nichts-Prinzip«, das heißt, der Schaden wurde entweder ganz oder gar nicht ersetzt, ist es bei einigen Versicherern heute möglich, auch bei fahrlässig verursachten Einbruchschäden einen Teil der Schadenssumme erstattet zu bekommen. Seit 2008 ist diese verbraucherfreundliche Teilzahlungsregelung Gesetz und damit für alle Versicherer verbindlich, als Teil des reformierten Versicherungsvertragsgesetzes (VVG).

Bei Leitungswasserschäden wird gezahlt, wenn Frischwasser- oder Abwasserrohre leck sind und einen Schaden verursacht haben. Ausnahme: Ein Rückstau aus der Kanalisation ist nicht versichert. Ebenso wird gezahlt, wenn die Waschmaschine, die Geschirrspülmaschine, die Zentralheizung, eine Klimaanlage, eine Wärmepumpe oder die Solaranlage undicht ist. Das Wasser muss grundsätzlich aus einer undichten Leitung gekommen sein. Das schließt die Haftung für zum Beispiel Wasserschäden nach einer Reinigung aus. Und: Die Regulierung gilt nur für Schäden in Ihrer Wohnung.

Überschwemmungsschäden durch über die Ufer tretende Flüsse sind ebenfalls nicht versichert – diese können Sie möglicherweise mit einer Elementarschadenpolice abdecken.

Was wird gezahlt?

Gezahlt wird grundsätzlich der Neuwert der betroffenen Gegenstände. Bei technischen Geräten wird der Neupreis eines »nach Art und Güte« gleichwertigen Gerätes zugrunde gelegt. Falls es nur noch deutlich leistungsfähigere Geräte als Ihr altes im Handel gibt (zum Beispiel Computer), kann die Versicherung einen Abschlag abziehen. Die zu ersetzenden Gegenstände können auch in der angrenzenden Garage gewesen sein. Das dort stehende Auto ist allerdings nicht hausratversichert, ebenso andere Motorfahrzeuge, die versicherungspflichtig zugelassen werden, wie Motorräder, Mopeds oder Mofas. Falls sich die Garage nicht am Haus befindet, ist auch das dort befindliche Inventar nicht versichert.

Versichert sind alle normalerweise im Hause befindliche Gebrauchsgegenstände, die nicht fest eingebaut sind: Möbel, Bücher, Instrumente, Küchengeräte, Werkzeug. Außerdem alle vom Versicherungsnehmer an- oder eingebauten Sachen wie Lampen, Einbauküche, Badewanne, Duschkabine und Ähnliches. Stammen diese fest eingebauten Gegenstände jedoch vom Vermieter, müsste dieser sie in einer Wohngebäudeversicherung absichern.

Zum versicherten Hausrat gehören auch Haustiere wie Hunde, Katzen oder Zierfische sowie ausgeliehene oder noch nicht bezahlte Gegenstände. Falls die Wohnung zum Beispiel durch einen Brand unbewohnbar wurde, zahlt die Versicherung maximal für 100 Tage die Unterbringung in einem Hotel. Es darf allerdings nicht mehr als ein Tausendstel der Versicherungssumme am Tag kosten. Auch die möglicherweise notwendige Auslagerung der Wohnungseinrichtung gehört zur Versicherungsleistung.

Auch auf Reisen versichert

Außerhalb der eigenen vier Wände samt Garage gibt es Hausratschutz noch in weiteren Fällen: auf Reisen und wenn Sie nicht länger als drei Monate woanders wohnen. Versichert sind zum Beispiel die Sachen im verschlossenen Hotelzimmer oder im verschlossenen Umkleideraum einer Turnhalle. Versichert ist auch der Hausrat am Zweitwohnsitz der eigenen Kinder, solange diese noch den ersten Wohnsitz zu Hause haben. Diese sogenannte weltweite Außenversicherung ist gewöhnlich auf 10 Prozent der Versicherungssumme begrenzt, die Obergrenze bewegt sich zwischen 5000 und 10 000 Euro.

Problemfall Fahrräder

Sind Fahrräder versichert? Die Antwort ist: Jein. Wer noch ganz alte Policen von vor 1984 hat, ist gut dran: Hier ist jeder Fahrraddiebstahl versichert.

Heute gilt: Ein Fahrrad ist nur dann gegen Diebstahl oder Brand versichert, wenn es in der Wohnung oder dem abgeschlossenen Keller steht. Steht das Rad dagegen draußen, wird es kompliziert: Versichert ist es dann meist nur noch gegen eine Zusatzprämie (kostet zwischen 15 und 30 Cent pro 1000 Euro Versicherungssumme) und auch nur dann, wenn es a) abgeschlossen war, b) der Diebstahl tagsüber zwischen 6 und 22 Uhr passierte und c) das Rad entweder in Gebrauch war oder sich in einem gemeinschaftlichen Fahrradabstellraum befand. Der Ersatz ist auf maximal 500 Euro begrenzt. Wer ein teureres Rad besitzt, kann möglicherweise gegen einen Mehrbeitrag den Schutz auf 5 Prozent der Versicherungssumme erhöhen. Wegen der zunehmenden Fahrraddiebstähle wird es jedoch immer schwieriger, eigenständige Fahrradversicherungen abzuschließen.

Was ist nicht versichert?

Innerhalb der eigenen Wände gibt es neben den bereits erwähnten Ausschlüssen noch weitere: Schäden an elektrischen Geräten, die durch Überspannung (zum Beispiel »indirekter« Blitzeinschlag über die Stromleitung) oder Kurzschluss verursacht werden, sind manchmal versichert, manchmal nicht versichert. Glasbruch ist nicht versichert, ebenso wenig der Schaden durch ein heißes Bügeleisen. Auch für Schäden durch Erdbeben, Kernenergie oder innere Unruhen gibt es keinen Versicherungsschutz.

Haben Sie einen Untermieter in Ihrem Haus, ist dessen Hausrat nicht über Ihre Police versichert. Und eigentlich selbstverständlich: Wer vorsätzlich Schäden am Hausrat verursacht, bekommt keinen Ersatz von der Versicherung. Ebenso bei grob fahrlässig verursachten Schäden. Was allerdings »grob fahrlässig« im Einzelfall heißt, wurde und wird nicht selten vor Gericht entschieden: So handelt jemand nach herrschender Auffassung grob fahrlässig, der mit brennender Zigarette im Bett einschläft und einen Brand verursacht. Wer aber die Waschmaschine anstellt und dann einkaufen geht, handelt nach richterlicher Auffassung nicht grob fahrlässig, auch wenn in dieser Zeit ein Leitungswasserschaden entsteht (OLG Koblenz, Az. 10 U 1124/99). Aber keine Regel ohne Ausnahme: Es gibt auch einige wenige Versicherer, die bei grober Fahrlässigkeit zahlen.

Wertgegenstände

Besondere Regeln gelten für Wertgegenstände: Für Bargeld, Wertpapiere, Antiquitäten, Schmuck, Münzen, Sparbücher oder Briefmarken gibt es in der Regel nur 20 Prozent der Versicherungssumme, bei einzelnen Anbietern auch 30 Prozent. Bei Bargeld oder Wertsachen auch nur dann, wenn sich diese Gegenstände in einem eingemauerten Safe oder in einem mindestens 200 Kilogramm schweren Tresor befunden haben. Ansonsten gelten in der Regel folgende Obergrenzen: für Bargeld 1000 Euro, für Wertpapiere 2500 Euro, für Schmuck 20 000 Euro. Allerdings ist es meist möglich, gegen einen Aufpreis höhere Grenzen zu vereinbaren.

Wer auf Nummer sicher gehen will, schließt eine gesonderte sogenannte Valorenversicherung ab, die dann eine 100-prozentige Deckung für alle Wertsachen auch außerhalb der eigenen vier Wände übernimmt. Sie ist natürlich deutlich teurer als eine Hausratversicherung.

Fotos können wichtig sein

Ob die Versicherung tatsächlich den Hausratschaden vollständig ersetzt, hängt außerdem von zwei Dingen ab: von den erbrachten Nachweisen, dass es die benannten Dinge tatsächlich gegeben hat, sowie von einer ausreichend hohen Versicherungssumme. Für die Nachweise sollten Sie Ihren Hausrat fotografieren oder filmen sowie Rechnungsbelege aufbewahren. Dann sollten Sie eine Liste anfertigen, auf der steht, in welchem Raum sich welche Dinge befinden, sowie Kaufdatum und -preis. Formulare für diese Auflistung gibt es beim Versicherungsunternehmen. Natürlich ist es gut, wenn diese Liste samt Nachweisen auch nach einem Wohnungsbrand noch da ist. Das heißt, sie muss besonders sicher verwahrt werden, zum Beispiel in einer feuerfesten Stahlkassette oder besser noch außerhalb der Wohnung, zum Beispiel auf einem Bürocomputer oder in einem Bankschließfach.

Die zweite wichtige Voraussetzung ist eine ausreichend hohe Versicherungssumme. Sie ergibt sich, wenn Sie die Liste aufgestellt, die Gegenstände mit ihrem Wiederbeschaffungswert beziffert und diese Zahlen addiert haben. Das macht Arbeit, erspart aber im Schadensfall empfindliche Einbußen. Diese Liste muss natürlich bei größeren Neuanschaffungen (neues Sofa, neue Einbauküche et cetera) aktualisiert werden. Ist der Wert des Hausrats im Laufe der Zeit deutlich angestiegen, sollte die Versicherung informiert und die Versicherungssumme angepasst werden. Denn sonst droht Unterversicherung!

Unterversicherung

Nehmen wir an, Sie haben eine Hausratversicherung über 30 000 Euro abgeschlossen. Tatsächlich ist Ihr Hausrat aber schon über 50 000 Euro wert. Das hätte nicht nur bei einem vollständigen Verlust die Konsequenz, dass Sie zu wenig ersetzt bekommen. Auch bei einem Teilverlust, zum Beispiel nach einem Einbruch, bekämen Sie immer nur den Schaden anteilig ersetzt, in diesem Falle 3/5 des Schadens.

Für Bequeme: pauschale Absicherung

Wem es zu mühsam ist, den Wert des Hausrats ständig zu überwachen, um eine Unterversicherung zu vermeiden, und über einen »durchschnittlichen« Hausrat verfügt, hat jedoch die Möglichkeit, eine pauschale Absicherung zu vereinbaren: Hier wird die Quadratmeteranzahl der Wohnung mit zurzeit 650 beziehungsweise 700 Euro multipliziert. Das hat zwei Vorteile: weniger Arbeit für den Versicherungsnehmer und die Sicherheit, dass die Versicherung auf die sogenannte Einrede der Unterversicherung verzichtet. Auch die Unternehmen finden diese Methode gut: Sie müssen nicht mehr alles nachprüfen.

Wer allerdings deutlich über dem Durchschnittswert liegt, guckt natürlich im Schadensfall mit dieser Methode in die Röhre. Das kann auch erst im Laufe einiger Jahre passieren oder nach Erbschaften. Und wer deutlich darunter liegt, bezahlt bei dieser Regelung zu viel Beitrag. Aber für die meisten Fälle ist die Pauschale wohl die beste und bequemste Lösung.

Die Kosten

Was kostet eine Hausratversicherung? Jedenfalls nicht überall das Gleiche. Je nachdem, wo Sie wohnen, ist sie teurer oder billiger. Auf dem Land kostet die Hausratversicherung für eine 80-Quadratmeter-Wohnung etwa 60 Euro im Jahr, in großen Städten das Doppelte, so die Zeitschrift *Finanztest*. Grund: In Städten wird mehr eingebrochen. Laut Statistik besonders oft in Hamburg, Köln und Frankfurt am Main – hier gilt in einigen Stadtvierteln die höchste Tarifzone. Obwohl Hausratversicherungen preiswert sind, lohnt sich auch hier der Vergleich, denn teure Versicherer verlangen das Doppelte bis Dreifache.

Eines ist auf jeden Fall sicher: Ihre Hausratversicherung wird nahezu jedes Jahr etwas teurer. Denn die Versicherungssumme wird automatisch an den Preisindex für Ver- und Gebrauchsgüter angepasst und das bedeutet fast immer auch einen höheren Beitrag.

Umzug geplant? Versicherung anpassen!

Die Kinder sind aus dem Haus und die Eltern ziehen in eine kleinere Wohnung beziehungsweise Haus um. Wer sich beim Wohnraum verkleinert, hat in der Regel auch weniger Hausrat. Und damit auch weniger zu versichern! Erst recht, wenn ein Umzug in ein Pflegeheim ansteht. Denken Sie daran, das Versicherungsunternehmen über das neue Domizil zu informieren – denn dann könnten mit einem angepassten Vertrag ein paar Euro mehr gespart werden!

Längere Abwesenheit melden!

Nicht wenige Senioren können es sich leisten, ein paar Monate oder länger in südlichen Gefilden zu leben. Sie sollten es ihrer Hausratversicherung melden, wenn sie länger als 60 Tage von zu Hause fort sind. Sonst könnte die Versicherung im Falle eines Einbruchs in dieser Zeit die Leistung verweigern oder kürzen. Begründung: In dieser Zeit war der versicherte Hausrat unbewacht.

Wohngebäudeversicherung

Bezahlt eine Hausratversicherung die Schäden an Gegenständen innerhalb einer Wohnung oder eines Hauses, steht die Wohngebäudeversicherung für Schäden am Gebäude selbst ein. Hier drohen für gewöhnlich drei verschiedene Gefahren: Feuer, Sturm und Leitungswasserschäden. Sie können diese Gefahren einzeln versichern oder alle zusammen. Da Hauseigentümer ständig mit dem Risiko leben, dass ihr Haus durch Feuer, Sturm oder Leitungswasser stark beschädigt oder sogar vernichtet wird, sollte jeder Hauseigentümer diese Versicherung unbedingt abschließen.

WISO Tipp

Versichern Sie alle drei Hauptrisiken – Feuer, Sturm und Leitungswasser – in einem Paket mit sogenannter Grunddeckung.

Prüfen Sie darüber hinaus, ob Sie eine Elementarschadenversicherung brauchen. Sie deckt die finanziellen Folgen von Überschwemmungen, Lawinen, Erdbeben und Erdrutschen ab. Es gibt sie in den Vertragsarten Hausrat und Wohngebäude. Leider wird diese Police nicht überall angeboten.

Was ist versichert?

Das Wichtigste: Die Wohngebäudeversicherung ersetzt bei einem Totalschaden das Haus, das heißt, sie zahlt den Preis, den es kostet, das Haus am alten Standort wieder aufzubauen. Dazu gehören auch mindestens 5 Prozent Entschädigung für Abbruch- und Aufräumarbeiten. Da die Preise ständig steigen, spricht man auch vom »gleitenden Neuwert«. Bedingung: Das Haus muss innerhalb von drei Jahren wieder errichtet werden, ansonsten gibt es nur den oft deutlich niedrigeren Zeitwert. Kommt es zu einem kompletten Neubau, zahlt die Versicherung je nach Bauphase eine Teilzahlung.

Doch eine komplette Zerstörung ist die Ausnahme, weit häufiger sind Teilschäden am Gebäude. Hier bezahlt die Versicherung gewöhnlich dann, wenn sie nach vorheriger Absprache eine »Reparaturkosten-Übernahmeerklärung« abgegeben hat oder nach erfolgter Reparatur die Rechnung erhält.
Wie so oft kommt es auch bei der Wohngebäudeversicherung genau auf die Schadensursache an. Gezahlt wird bei:

Wohngebäudeversicherung
Feuerschäden durch Brand, Blitzeinschlag, Explosion oder Flugzeugabsturz
Sturmschäden ab Windstärke acht (entspricht 63 km/h), dazu gehören auch Schäden durch umgestürzte Bäume oder durch eingedrungenen Regen
Schäden durch Hagelschlag
Leitungswasserschäden durch defekte Leitungen von Frisch- oder Abwasser, auch durch Frost verursacht. Auch die Instandsetzung der Leitungen im Haus ist versichert, bei guten Versicherern auch die Abwasserleitungen. Gute Versicherer übernehmen auch Schäden an Fußbodenheizungen und durch auslaufende Wasserbetten oder Aquarien.

Gewöhnlich sind Aufbauten wie Antennen sowie Nebengebäude wie Gartenhäuschen oder Garage mit versichert. Ist das Haus unbewohnbar, zahlt die Versicherung ein Jahr lang die ortsübliche Miete – entweder für die Ersatzbleibe oder auch für die entgangene Miete, wenn Sie Vermieter des Hauses sind. Meist gehört zur Police auch noch der Ersatz von Einbruchschäden am Haus.
Weitere Zusatzabsicherungen sind möglich: Überspannungsschäden durch Blitzschlag, Aufräum- beziehungsweise Abbruchkosten nach Elementarschäden, Glasbruch, Rückstauschäden, Aufräumkosten bei umgestürzten Bäumen oder auch Schäden an Terrasse, Briefkasten oder Gartenlampen.
Ob und was man braucht, hängt von der individuellen Wohnsituation und dem persönlichen Risikoempfinden ab. Man muss sicher nicht alles versichern.

Was ist nicht versichert?

Nicht versichert sind vorsätzliche Schäden (zum Beispiel Brandstiftung). Früher waren auch grob fahrlässige Schäden (zum Beispiel Brand durch nicht abgestellten Herd oder brennende Kerze) nicht versichert. Durch den Wegfall des Alles-oder-nichts-Prinzips ab 2008 kann der Eigner hier aber hoffen, wenigstens einen Teil des Schadens ersetzt zu bekommen. Schon heute ist der grob fahrlässig herbeigeführte Schaden durch einen Miteigentümer innerhalb einer Wohneigentümergemeinschaft versichert. Voraussetzung: Die Klausel »Wohneigentum« ist vereinbart.
Nicht versichert sind darüber hinaus oft Überspannungsschäden am Gebäude durch Blitzeinschlag, ein Kaminbrand sowie ein Löscheinsatz der Feuerwehr und die eventuell dadurch entstehenden Entsorgungskosten. Wie beim Hausrat ist auch am Wohngebäude ein Schaden durch einen Kernenergieunfall oder durch innere Unruhen nicht abgesichert.

Die Kosten

Die Kosten einer Wohngebäudeversicherung richten sich nach dem Wert des Hauses, der Bauart, dem Standort und nach dem gewählten Versicherer. Es gibt mehrere Bauartklassen: Massivhäuser sind am billigsten, dann folgen Fertig- beziehungsweise Holzhäuser und am teuersten sind Häuser mit Reetdach. Die Standorte werden gewöhnlich in vier Tarifzonen unterteilt: Stürmische Standorte wie die Küstenregionen sind teurer als andere, außerdem wird nach Leitungswasserqualität differenziert.
Nach einem Vergleich von *Finanztest* zahlt man bei günstigen Versicherern zwischen 150 und 200 Euro für die Standardabsicherung Feuer/Sturm/Leitungswasser eines Hauses in Dresden (Bj. 1980, 134 qm, mit Keller, Neuwert 235000 Euro). Für ein gleichwertiges Haus in Hannover kam die Zeitschrift sogar teilweise auf knapp 100 Euro. Ist das Haus neu, kann man zwischen 10 und 25 Prozent Rabatt abziehen. Selbstbeteiligungen, die bei anderen Versicherungen durchaus sinnvoll sind, sollten Sie wegen zu geringer Ersparnis nicht vereinbaren.
Führen Sie in späteren Jahren jedoch erhebliche Um- beziehungsweise Anbauten durch, die den Wert des Gebäudes deutlich steigern, müssen Sie dies dem Versicherer melden. Denn sonst droht wieder Unterversicherung!

WISO Tipp

Um eine Unterversicherung zu vermeiden, überlassen Sie die Ermittlung der korrekten Versicherungssumme lieber dem Versicherer. Dann zahlen Sie zwar im Zweifelsfall etwas zu viel. Im Schadensfall haben Sie aber die Sicherheit, dass Sie alles ersetzt bekommen.

WISO Tipp

Verwechseln Sie Wohngebäudeversicherung nicht mit Haus- und Grundbesitzerhaftpflichtversicherung! Letztere versichert Schäden, die Dritte durch Ihr Haus oder Grundstück erleiden. Beim selbst bewohnten Eigenheim genügt die Privathaftpflicht, aber als Vermieter oder Besitzer einer Eigentumswohnung sollten Sie eine solche Police abschließen! Die Versicherungssumme sollte mindestens 3 Millionen Euro pauschal für Personen- und Sachschäden betragen.

Wird die Umgebung Ihres Hauses gefährlicher, zum Beispiel durch eine neue Tankstelle, müssen Sie dies ebenfalls melden, sonst riskieren Sie Ihren Versicherungsschutz!
Sie können auch später selbst überprüfen, wie viel Sie im Totalschadensfall bekommen würden: Die meisten Versicherer rechnen zurück auf den »Versicherungswert 1914«. Das ist der Wert, den Ihr Haus theoretisch im Jahre 1914 in Mark gekostet hätte. Diesen Wert multiplizieren Sie mit dem sogenannten gleitenden Neuwertfaktor (für 2012: 15,78). Dieser Faktor berücksichtigt die Preissteigerungen seit 1914 und ändert sich jedes Jahr. Das Ergebnis ist die Summe, die Sie maximal bekommen würden.

Versicherung anpassen

Auch für eine Wohngebäudeversicherung gilt: Informieren Sie Ihren Versicherer über einen Umzug. Ein kleineres Haus könnte das eine Ersparnis bringen. Ziehen Sie in eine Mietwohnung oder ein Pflegeheim, benötigen Sie keine Wohngebäudeversicherung mehr! Dann sollten Sie rechtzeitig kündigen.

Was tun im Versicherungsfall?

Ist der Schaden eingetreten, heißt es zunächst Ruhe bewahren, denn Sie müssen an mehreren Fronten nahezu gleichzeitig aktiv werden. Zunächst müssen Sie sofort Ihre Versicherung informieren. Am besten zunächst telefonisch, dann auch schriftlich. Sofort heißt am gleichen, spätestens am folgenden Tag nach Kenntnis des Schadens. Eine Woche sollten Sie nicht warten, denn das könnte ein Ablehnungsgrund sein.
Bei Einbruch, Raub, Vandalismus, Brand oder Explosion müssen Sie ebenfalls sofort die Polizei informieren und den Schaden anzeigen. Denken Sie daran, eine Liste der Gegenstände mitzunehmen, die gestohlen oder verbrannt sind. Diese Liste müssen Sie, am besten zusammen mit Nachweisen wie Kaufbelegen oder Bedienungsanleitungen sowie einer Bestätigung der polizeilichen Anzeige, auch spätestens nach zwei Tagen an die Versicherung schicken.
Sind EC- oder Kreditkarten, Sparbücher oder Wertpapiere gestohlen worden, sollten Sie umgehend Ihre Bank anrufen, um Sperren zu veranlassen. Wurde auch das Mobiltelefon gestohlen, sollten Sie es beim Anbieter sperren lassen.

Abschluss und Kündigung

Hausratversicherungen können als Einjahres- oder Mehrjahrespolicen (meist drei, früher auch fünf Jahre) abgeschlossen werden. Um flexibler zu sein, sollten Sie die Einjahrespolice wählen. Sie verlängert sich dann Jahr für Jahr.

Für die Kündigung einer Hausratpolice gibt es zwei Möglichkeiten: einmal die »ordentliche« Kündigung zum Ablauf des Vertrages. Dafür müssen Sie spätestens drei Monate vorher schriftlich gekündigt haben, am besten per Einschreiben. Zum anderen können Sie auch »außerordentlich« kündigen, nämlich a) nach einem Schaden, b) nach einer Beitragserhöhung, c) im Todesfall durch die Angehörigen und d) nach einem Umzug in einen anderen Ort, wenn sich dadurch Preis und Leistung ändern. In allen Fällen der außerordentlichen Kündigung müssen Sie innerhalb eines Monats aktiv werden. Die gleichen Möglichkeiten der Kündigung hat auch der Versicherer.

Bei Wohngebäudepolicen sollten Sie zunächst eine Dreijahrespolice abschließen. Sie enthält meist ohne Extra-Beitrag eine Feuerrohbauversicherung. Auch wenn Sie nicht mehr bauen wollen, entstehen Ihnen dadurch in der Regel also keine Mehrkosten. Rechtzeitig vor Ablauf sollten Sie prüfen, ob Sie gegebenenfalls zu einem günstigeren Anbieter wechseln.

Die Kündigung ist nicht ganz so einfach wie bei der Hausratpolice. Die Kündigungsfrist beträgt zwar meist ebenfalls drei Monate. Doch Sie sollten spätestens fünf Monate vor Ablauf aktiv werden. Denn Ihre finanzierende Bank will dabei ein Wörtchen mitreden (es sei denn, Ihr Haus ist schuldenfrei).

So ist die richtige Reihenfolge: Holen Sie zunächst ein oder mehrere konkrete Angebote für eine neue Wohngebäudeversicherung ein. Dann senden Sie eine Kopie dieser Angebote zusammen mit der Bitte um eine schriftliche Einverständniserklärung an Ihre Bank. Liegt die Einverständniserklärung vor, senden Sie diese zusammen mit der schriftlichen Kündigung an Ihren Altversicherer, natürlich per Einschreiben. Ihr Versicherer könnte auch noch einen aktuellen Grundbuchauszug von Ihnen verlangen. Alle Dokumente müssen jedoch spätestens einen Monat vor dem eigentlichen Kündigungstermin beim Altversicherer vorliegen! Erst dann schließen Sie eine neue Wohngebäudeversicherung ab.

Unfallversicherung

Ein Unfall kann jeden treffen – überall: während der Arbeitszeit, zu Hause, im Urlaub. Die Statistik spricht eine deutliche Sprache: Rund acht Millionen registrierte Unfälle ereignen sich pro Jahr in Deutschland. Anders ausgedrückt: Alle vier Sekunden verunglückt ein Mensch.
Was viele nicht wissen: Ob ein finanzieller Schutz besteht, hängt bei der gesetzlichen Unfallversicherung vom Zeitpunkt und vom Ort des Unfalls ab. Die gesetzliche Unfallversicherung schützt Kinder nur im Kindergarten, Schüler nur in der Schule und Studenten nur in der Universität beziehungsweise in allen diesen Fällen auf dem Weg dorthin oder von dort nach Hause. Schon bei Umwegen kann es Probleme geben. Berufstätige sind am Arbeitsplatz oder auf einer Dienstfahrt durch die Unfallversicherung des Arbeitgebers abgesichert.

Rentner ohne Schutz

In der übrigen Zeit gilt die gesetzliche Unfallversicherung nicht oder reicht nicht aus. Auch Personen, die nicht in die Kategorie »Schüler« oder »Berufstätiger« fallen, wie zum Beispiel Hausfrauen oder Rentner, genießen keinen Schutz!
Hier kann nur eine private Unfallversicherung vor den möglichen finanziellen Auswirkungen eines Unfalls schützen. Die meisten Unfälle ereignen sich ohnehin im häuslichen Bereich und in der Freizeit. Und selbst wenn die gesetzliche Unfallversicherung zahlt: Die Summen sind eher bescheiden.
Für wen lohnt sich die private Unfallversicherung? Sinnvoll ist eine solche Police für:

Private Unfallversicherung
Rentner
Kinder
Jugendliche und junge Erwachsene in der Ausbildung
Schüler und Studenten
Hausfrauen (und Hausmänner!)
Selbstständige und Freiberufler

Menschen mit bestimmten Risikoberufen wie Sprengmeister
Menschen, die aufgrund von Erkrankungen keine oder nur sehr teure Berufsunfähigkeitsversicherungen bekommen

Eine private Unfallversicherung gilt weltweit. Bei Rentnern ist es allerdings so, dass manche Unfallversicherung nur bis zum 70. oder 75. Lebensjahr gilt. Überdies brauchen Senioren oftmals auch Hilfe danach, gerade wenn sie allein leben. In diesem Fall kann eine spezielle Senioren-Unfallversicherung nützlich sein (siehe Seite 104).

Wie viel zahlt die Unfallversicherung?

Eine Unfallversicherung zahlt – gestaffelt nach dem Grad der Invalidität – einen Einmalbetrag. Die volle Versicherung plus eventueller Progression wird nur bei 100 Prozent Invalidität gezahlt. Das ist zum Beispiel der Fall, wenn jemand durch einen Unfall komplett das Augenlicht verliert. Wenn eine dauernde Behinderung von »nur« 70 Prozent ermittelt wird, werden auch nur 70 Prozent fällig. Die Invalidität muss auch noch ein Jahr nach dem Unfall bestehen und von einem Arzt bescheinigt werden. Deshalb wartet die Versicherung erst einmal ab, bis sie zahlt und hofft in der Zeit auf Abheilung.
Eine sogenannte »Gliedertaxe« (siehe Tabelle) führt auf, welchen Invaliditätsgrad der Verlust bestimmter Gliedmaßen bedeutet.

Die Versicherung zahlt bei Verlust folgender Gliedmaßen:		
Arm	im Schultergelenk	70 %
	bis oberhalb des Ellenbogengelenks	65 %
	unterhalb des Ellenbogengelenks	60 %
Hand	im Handgelenk	55 %
Finger	Daumen	20 %
	Zeigefinger	10 %
	anderer Finger	5 %
Bein	über der Mitte des Oberschenkels	70 %
	bis Mitte des Oberschenkels	60 %
	bis zur Mitte des Unterschenkels	50 %

Fuß	im Fußgelenk	40%
Zehen	große Zehe	5%
	andere Zehe	2%
Augen	beide Augen	100%
	ein Auge	50%
Ohr	Gehör auf beiden Ohren	60%
	Gehör auf einem Ohr	30%
Geruchssinn		10%
Geschmackssinn		5%

Quelle: GDV

Der Verlust eines Daumens zum Beispiel bedeutet eine 20-prozentige Teilinvalidität. Folglich werden auch nur 20 Prozent der Versicherungssumme gezahlt. Fehlen mehrere Gliedmaßen, werden die Grade zusammengezählt, bis maximal 100 Prozent. Die komplette Gliedertaxe ist in den Versicherungsbedingungen aufgeführt. Sie weicht mitunter von den Musterbedingungen des Gesamtverbandes ab. Manche Unternehmen zahlen auch mehr. Besondere Bedingungen gibt es bei manchen Versicherern für Angehörige von Heilberufen oder Musikern. Da werden beim Verlust eines Fingers auch schon mal 60 oder sogar 100 Prozent Invalidität angenommen. Manche Anbieter zahlen in bestimmten Tarifen auch für kosmetische Operationen.

Lässt sich der Grad der Invalidität nicht feststellen, wird zugrunde gelegt, inwieweit die körperliche und geistige Leistungsfähigkeit durch den Unfall auf Dauer beeinträchtigt ist.

Gebrechlichkeit als Ursache eines Unfalls wirkt leistungsmindernd, das heißt, es wird weniger gezahlt. Gar nicht gezahlt wird gewöhnlich bei dauernd Pflegebedürftigen oder Geisteskranken – sodass sich in diesen Fällen der Abschluss einer Unfallversicherung erübrigt.

In vielen Versicherungspolicen findet sich die Vereinbarung einer Progression, das heißt, dass ab einem bestimmten Invaliditätsgrad mehr Geld gezahlt wird, als laut Versicherungssumme fällig wäre.

Beispiel

Bei einer Invaliditäts-Grundsumme von 100000 Euro würden bei einer Progression von 225 Prozent und einer Vollinvalidität 225000 Euro fällig. Das entspricht

etwa einer Monatsrente zwischen 1000 und 1200 Euro. Grundsätzlich ist die Progression zu empfehlen, sie sollte aber 225 Prozent nicht übersteigen.
Wer mehr Geld braucht, sollte auch eine höhere Versicherungssumme abschließen.

WISO Tipp

Manche Unternehmen bieten spürbare Steigerungen in der Auszahlungssumme erst bei sehr hohen Invaliditätsgraden an. Das fällt unter die Kategorie »Mogelpackung«, denn die meisten schweren Unfälle haben einen Invaliditätsgrad von »nur« 30 bis 50 Prozent zur Folge. Gut, wenn die Progression bereits bei einem Invaliditätsgrad von 25 oder 26 Prozent beginnt und spürbar ansteigt.

Manche Unternehmen bieten auch den Abschluss einer »dynamischen« Steigerung der Versicherungssumme an. Das verteuert natürlich entsprechend die Jahresbeiträge. Allerdings nimmt der Bedarf aus Versicherungszahlungen mit steigendem Alter eher ab als zu, zumal auch Gehalt, eigenes Vermögen und Rentenansprüche mit dem Alter gewöhnlich zunehmen. Zusammenfassend kann man empfehlen: Vernünftige Progression ja, Dynamik nein. Besser ist es, von Beginn an eine höhere Summe zu vereinbaren.

Wann zahlt die Unfallversicherung nicht?

Um sich richtig zu verhalten oder um sich keine falsche Hoffnung auf finanziellen Ausgleich in Fällen zu machen, die vom Versicherungsschutz ausgeschlossen sind, ist es wichtig, auch die Fälle zu kennen, in denen die Unfallversicherung grundsätzlich nicht zahlt:

- bei Unfällen infolge Trunkenheit oder einer Schlägerei
- bei Infektionen, Vergiftung oder Selbstmord
- bei Unfällen, hervorgerufen durch Schlaganfall, Epilepsie oder andere Krampfanfälle, die den gesamten Körper ergreifen
- bei Unfällen, die dem Versicherten beim Begehen einer vorsätzlichen Straftat zustoßen
- bei Unfällen durch Teilnahme an Rennen mit Motorfahrzeugen aller Art oder sonstigen riskanten Sportarten (wie zum Beispiel Drachenfliegen)
- bei Unfällen durch Krieg, Kernenergie sowie innere Unruhen, wenn der Versicherungsnehmer aufseiten der Unruhestifter tätig war

Das Unfallrisiko bei riskanten Sportarten – wie zum Beispiel Drachenfliegen – kann und sollte bei Bedarf zusätzlich versichert werden.

Unfallversicherungen für Senioren

Die Generation 55plus wird für Versicherer immer interessanter: Erstens hat diese Altersgruppe so viel Geld wie nie zuvor. Zum anderen ist sie zahlreich, denn die geburtenstarken Jahrgänge zwischen 1955 und 1965 kommen jetzt in dieses Alter. Zudem ist diese Generation vorsorgebewusst und will etwas gegen mögliche Risiken des Alters tun. Dafür bietet die Branche spezielle Senioren-Unfallversicherungen an mit sogenannten Assistance-Leistungen.

Das sind zum Beispiel Geld- oder Serviceleistungen für eine Putzhilfe, die nach einem Unfall gebraucht wird, oder für die Hilfe bei der Essenszubereitung et cetera. Damit können ältere Menschen, die verunglückt sind, trotzdem den Alltag bewältigen.

Meist verletzen sich Senioren durch Stürze, die Knochenbrüche oder Gehirnerschütterungen nach sich ziehen. Folge: Sie sind häufig monatelang teilweise außer Gefecht gesetzt. Gerade wenn keine Angehörigen in der Nähe wohnen, ist die Frage: Wer bezahlt die notwendige Hilfe?

Diese Assistance-Versicherer stoßen in eine Lücke, die von Kranken- und Pflegeversicherungen nicht bedient wird. Krankenversicherer zahlen neben den direkten Behandlungskosten nur dann für eine häusliche Krankenpflege, wenn dadurch der Aufenthalt im Krankenhaus vermieden oder verkürzt wird. Die Pflegeversicherung zahlt erst, wenn wenigstens Pflegestufe 0 festgestellt wurde (und damit dauerhafte gesundheitliche Schäden), und auch dann frühestens nach sechs Monaten Wartezeit.

Auch wenn früher einmal eine normale Unfallversicherung abgeschlossen wurde, heißt das noch nicht, dass diese im Seniorenalter einspringt. Denn bei vielen Versicherern gibt es eine Altersgrenze. Die liegt meist zwischen 65 und 75 Jahren. Entweder endet dann der Vertrag – oder die Beiträge gehen deutlich nach oben. Und dann gibt es bestenfalls Geld für den Unfallschaden, jedoch nicht darüber hinaus.

Was leisten Senioren-Unfallversicherungen?

Senioren-Unfallversicherungen gehen in den Leistungen darüber hinaus, sind aber auch teurer als normale Unfallversicherungen. Laut der Zeitschrift *Finanztest* gibt es brauchbare Policen schon ab 60 Euro im Jahr. Was bieten sie dafür? Die Leistungen sind keineswegs einheitlich. *Finanztest* (2/2009) hat einen Katalog von Leistungen entwickelt, die mindestens enthalten sein sollten:

Seniorenunfallversicherungen
Kostenübernahme: Alle Leistungen werden bezahlt beziehungsweise nachträglich erstattet.
Hilfe für ein halbes Jahr: Das Unternehmen leistet die Hilfe mindestens für sechs Monate.
Essen und einkaufen: Der Versicherte bekommt täglich ein warmes Essen, außerdem kauft jemand zweimal in der Woche für ihn ein.
Begleitung: Eine Person begleitet den Versicherten einmal pro Woche zu Arzt-, Therapie- und Behördenterminen, wenn sie nicht weiter als 25 Kilometer entfernt sind.
Reinigung und Wäscheservice: Der Versicherer organisiert einmal pro Woche Putzen sowie Wäschewaschen, -trocknen und -bügeln, jeweils für zwei Stunden.
Hausnotruf: Der Versicherer übernimmt die Installation eines Notrufs mit 24-Stunden-Erreichbarkeit (Kosten etwa 40 Euro) sowie die Monatsgebühr (etwa 15–20 Euro pro Monat).
Pflegeleistungen: Der Versicherer organisiert und bezahlt mindestens 45 Minuten Grundpflege pro Tag (wie bei Pflegestufe I der gesetzlichen Pflegeversicherung).
Vermittlung und Beratung: Darüber hinaus sollte ein Anbieter bestimmte Hilfen zumindest organisieren oder vermitteln, wenn auch nicht bezahlen – etwa die Unterbringung von Haustieren oder Beratung für den Umbau der Wohnung oder des Autos. Auch sollte er zur gesetzlichen Pflegeversicherung beraten und den Betroffenen bei der Auswahl und Anschaffung von notwendigen Hilfsmitteln unterstützen.

Leistungen einer Senioren-Unfallversicherung

Diese Hilfeleistungen sind schon ab 60 Euro und weniger pro Jahr zu bekommen. Laut *Finanztest* bieten Arag, Huk-Coburg Allgemeine, Signal Iduna oder die VRK Unfallversicherung solche Verträge an. Wer mehr will, zum Beispiel mehr Hilfeleistungen und eine Einmalzahlung von 50 000 Euro für den Fall einer bleibenden Invalidität, muss allerdings deutlich mehr bezahlen. Am günstigsten waren auch hier die Arag, die Huk-Coburg Allgemeine und die VRK Unfallversicherung.

Besser Kapitalzahlung als Rente

Grundsätzlich gilt, dass eine Kapitalauszahlung besser ist als die Zahlung einer Rente. Denn ein größerer Betrag kann sofort für einen notwendigen Umbau der Wohnung oder dergleichen verwendet werden. Ist das nicht nötig, kann das Kapital auch angelegt werden, um daraus eine Rente zu beziehen. Und nicht zu vergessen: Ein Kapitalbetrag kann vererbt werden, eine Rente nicht.

Was tun im Versicherungsfall?

So bitter es ist: Sie sollten erst einmal klären, ob der Unfall auch für die Versicherung ein Unfall ist. In den Allgemeinen Versicherungsbedingungen heißt es dazu: »Ein Unfall liegt vor, wenn der Versicherte durch ein plötzlich von außen auf seinen Körper wirkendes Ereignis unfreiwillig eine Gesundheitsschädigung erleidet.« Dazu zählt auch ein Muskelriss beim Sport. Kein Unfall im Sinne der Versicherung sind gewöhnlich jedoch Gesundheitsschäden durch Umwelteinflüsse oder Verletzungen infolge psychischer Probleme, Selbstverstümmelung, Selbstmordversuch oder Kriegshandlungen.

WISO Tipp

Fragen Sie (gegebenenfalls für Ihre Eltern) unbedingt nach, ob die Versicherung Stürze, Beinbrüche, Herzinfarkt und Schlaganfall als »Unfälle« einstuft und diese damit entsprechend versichert sind!

Liegt ein Unfall vor, wartet die Versicherung erst einmal ab. Erst nach Ablauf eines Jahres wird gezahlt, wenn bis dahin die volle körperliche oder geistige Leistungsfähigkeit nicht wiederhergestellt ist. Auch muss es sich um eine absehbar dauerhafte Beeinträchtigung handeln.

Um die Leistungen des Versicherers zu erhalten, müssen Sie Folgendes beachten:

Versicherungsfall
Konsultieren Sie unverzüglich einen Arzt und unterrichten Sie die Versicherung über den Unfall.
Füllen Sie die Unfallanzeige wahrheitsgemäß und unverzüglich aus. Je schneller der Versicherer unterrichtet ist, desto schneller kommen Sie auch an Ihr Geld.
Spätestens sieben Monate nach Unfalleintritt haben Sie Anspruch auf Übergangsgeld, welches Sie unter Vorlage eines ärztlichen Attests begründen. Endet der Unfall tödlich, ist dies dem Versicherer innerhalb von 48 Stunden zu melden.

Abschluss und Kündigung einer Unfallversicherung

Bei der Unfallversicherung schließen Sie gewöhnlich zwei Versicherungssummen ab: die Versicherungssumme für den Fall der Invalidität und die Todesfallsumme. Wichtig ist vor allem die erste.
Auf weitere »Leistungen« als Zusatz zur Unfallversicherung kann man dagegen gut verzichten: beispielsweise Krankentagegeld, Übergangsentschädigung, Genesungsgeld oder Bergekostenersatz. Diese Extras bringen nicht viel, verteuern die Prämie aber spürbar.
Auch bei Unfallversicherungen lohnt der Preisvergleich: Teure Unternehmen verlangen für die gleiche Leistung oft doppelt so viel. Besonders günstige Tarife für die Unfallversicherung gibt es beim Bund der Versicherten (www.bundderversicherten.de), der für seine Mitglieder sogenannte Gruppenversicherungen vermittelt.
Vorsicht bei Vertretern: Überteuerte Unfallversicherungen gehören zu den Versicherungsarten, die von Versicherungsvertretern besonders gern verkauft werden, weil dort hohe Provisionen winken. Das heißt für Sie: doppelte Vorsicht walten lassen, nicht gleich unterschreiben, mehrere Angebote vergleichen. Fast immer gibt es woanders die gleiche Leistung für weniger Geld. Der Bund der Versicherten (BdV) hat in einigen Prämien zur Unfallversicherung bei teuren Gesellschaften Kosten- und Gewinnanteile von bis zu 80 Prozent ermittelt, bei der Kfz-Insassenunfallversicherung sogar von bis zu 90 Prozent.

Reiseversicherungen

Rund um Reisen und Urlaub gibt es eine ganze Reihe von Versicherungen. Die Unternehmen reagieren damit auf die verständlichen Ängste vor und während einer Reise: Was ist, wenn ich krank werde oder wenn Geld oder Gepäck gestohlen werden? Doch die wenigsten Versicherungen brauchen Sie. Der Grund: Bei den meisten Angeboten bekommen Sie für Ihr Geld keine entsprechende Gegenleistung. Die wichtigsten Versicherungsangebote rund ums Reisen sind:

- Auslandsreisekrankenversicherung
- Reiserücktrittsversicherung
- Reisegepäckversicherung

Auslandsreisekrankenversicherung

Auch wenn es glücklicherweise nicht häufig dazu kommt: Die Gefahr, sich auf einer Auslandsreise in eine ärztliche Behandlung begeben zu müssen, ist relativ hoch. Die Gründe liegen oft im abrupten Klimawechsel, in ungewohnter Ernährung oder Hygieneproblemen.
Die wichtigste Versicherung auf Reisen ist die private Auslandskrankenversicherung. Sie soll finanzielle Einbußen durch Krankheiten, Unfälle und deren Behandlung während der Reise vermeiden. Denn nicht immer deckt die gesetzliche Krankenversicherung (GKV) alle Kosten ab.

Ende eines Spanien-Urlaubs

Ein Fall, über den WISO berichtet hat: Sonne, Strand, Erholung in Spanien – das hatten auch Heinz und Angelika O. gebucht: Zwei Wochen Urlaub im August in einem Hotel in der Nähe der südspanischen Stadt Huelva. Doch nach drei Tagen passierte es: Mit ihrem Leihwagen prallten sie unverschuldet frontal auf ein entgegenkommendes Auto. Folge: Beide wurden schwer verletzt, mussten sofort ins nächstgelegene Krankenhaus. Glück im Unglück: Der Krankenhausaufenthalt kostete beide keinen Cent. Beide hatten beim ADAC einen Schutzbrief abgeschlossen, der auch eine Auslandskrankenversicherung einschließt. Und nicht nur das – Heinz O.: »Trotz der guten Versorgung wollten wir so bald wie möglich nach Deutschland zurück, in ein hiesiges Krankenhaus. Denn das Personal sprach nur Spanisch.« Und so passierte es. Mit dem Learjet des ADAC ging es nach ein paar Tagen zurück nach Deutschland. Das Ehepaar O. war jedenfalls froh, damals die Police abgeschlossen zu haben. Heinz O.: »So ein Flug mit Spezialbett hätte uns um die 20 000 Euro gekostet.«

So weit wie der ADAC gehen nur wenige Anbieter. Die meisten Auslandskrankenversicherer bestehen darauf, dass ein einheimischer Arzt die medizinische Notwendigkeit des Heimfluges bestätigt. Die aber besteht nicht immer. Und bei den gesetzlichen Kassen gibt es grundsätzlich gar keine Erstattung für den Rücktransport.

Gesetzliche Absicherung reicht nicht aus

Gesetzliche Versicherte erhalten von ihrer Krankenkasse auf Antrag die European Health Insurance Card (EHIC), den früheren Auslandskrankenschein E 111. In der Regel wurde diese Karte mittlerweile in die normale Krankenversicherungskarte integriert und befindet sich auf deren Rück-

seite. Doch hat der gesetzlich Versicherte im EG-Ausland beziehungsweise in den Staaten mit Sozialversicherungsabkommen nur Anspruch auf dieselbe Behandlung wie ein Inländer. Krankenversicherungsschutz wird mit dem Auslandskrankenschein in dem Umfang angeboten, wie es die gesetzliche Versicherung des Urlaubslandes vorsieht. Es gilt dann für Sie das ausländische Vertragsrecht. Allerdings führen die Ärzte in Urlaubsländern eine Behandlung von Urlaubern des Öfteren nur als Privatbehandlung durch. Hierbei ist die Frage, ob dies zulässig ist oder nicht, von untergeordneter Bedeutung. Das Honorar wird in aller Regel vom Patienten gezahlt, weil er vor Ort nicht die Möglichkeit zur Prüfung der Rechtmäßigkeit hat und auf die ärztliche Behandlung angewiesen ist. Zu Hause angekommen, erhält er von der gesetzlichen Krankenkasse nach Vorlage der Rechnungen und Quittungen, die wie bei der Reisekrankenversicherung Angaben zum Namen, Geburtsdatum, Diagnose et cetera enthalten müssen, eine Erstattung der Kosten, wie sie bei einer adäquaten Behandlung in Deutschland angefallen wären.
Der Versicherte lebt mit dem Risiko, dass eine gewisse Eigenbeteiligung verbleibt, da das privatärztliche Honorar oft die Kassenleistung übersteigt. Auch nach einem Unfall oder nach einer Akuterkrankung kann es sein, dass der Urlauber in ein Krankenhaus eingeliefert wird, das nur Privatpatienten behandelt. Und: Ein medizinisch notwendiger Rücktransport aus dem Ausland in die Heimat ist grundsätzlich nicht mitversichert. Krankheitskosten, die in Ländern ohne Sozialversicherungsabkommen entstehen, werden in der Regel von der GKV nicht erstattet.

Und Privatversicherte …?

Auch für privat Krankenversicherte ist eine zusätzliche Auslandsreisekrankenversicherung sinnvoll. Hauptgrund: Die PKV-Tarife haben zwar internationale Geltung, es fehlt aber die Kostenübernahme für den Rücktransport oder die Überführung aus dem Ausland, eventuell müssen diese Leistungen gegen Zuschlag eingeschlossen werden. Sollte ein PKV-Versicherter eine Beitragsrückerstattung wegen Nichtinanspruchnahme erwarten oder ein hoher Selbstbehalt vereinbart sein, kann sich der zusätzliche Auslandsschutz ebenfalls rechnen. Beihilfeberechtigte wie zum Beispiel Beamte erhalten von ihrem Dienstherrn für im Ausland entstandene Krankheitskosten meist nur den Betrag, der auch in Deutschland angefallen wäre. Die darüber liegenden Aufwendungen sowie der Rücktransport sind vom Versicherungsnehmer zu tragen.

Was leistet eine Auslandskrankenversicherung?

Der Abschluss einer Reisekrankenversicherung kann im Notfall viel Geld sparen und ist daher immer zu empfehlen. Wenn überdies ein Rücktransport ohne Probleme möglich ist, ersparen Sie sich neben den Kosten auch die Mühen, einen Transport selbst organisieren zu müssen. Die Police schützt vor finanziellen Einbußen, die durch Krankheit oder Unfall bei einer Auslandsreise entstehen können. Im Einzelnen sind das:

- Arzt-, Krankenhaus- und Operationskosten
- Ausgaben für Medikamente
- Ausgaben für schmerzstillende Zahnbehandlung inklusive Reparatur von Zahnersatz
- Transportkostenübernahme zum nächstgelegenen Krankenhaus oder Notdienst
- Kosten für einen medizinisch notwendigen Rücktransport aus dem Ausland in die Heimat
- Kosten für Überführung eines Verstorbenen in das Heimatland

WISO Tipp

Wenn Sie unsicher sind, ob Sie während des Urlaubs wegen einer bereits bestehenden Erkrankung ärztlicher Behandlung bedürfen, weisen Sie das Versicherungsunternehmen darauf hin und klären Sie vor Beginn der Reise, ob und in welchem Umfang Versicherungsschutz geboten wird. Die Zusage sollten Sie sich schriftlich bestätigen lassen.

Beachten Sie jedoch: Die meisten Unternehmen bieten keinen oder nur über einen gesonderten Tarif Versicherungsschutz bei Dienst- oder Geschäftsreisen.

Beim ADAC und einigen anderen Versicherern reicht es aus, wenn ein Rücktransport medizinisch »sinnvoll« ist. Das heißt für den Versicherten, dass er unter Umständen auch dann per Flugzeug oder Rettungswagen nach Deutschland gebracht wird, wenn zwar medizinisch keine Notwendigkeit besteht, aber zum Beispiel das soziale Umfeld in der Heimat für den Rücktransport spricht, wie auch der oben geschilderte Fall zeigt. Einen ähnlich kulanten Rückholschutz genießen auch Mitglieder von Vereinen wie der Deutschen Rettungsflugwacht (DRF) oder des Deutschen Roten Kreuzes (DRK). Diese bieten allerdings keine Auslandskrankenversicherung an.

Leistungsdauer und Kosten

Für Personen, die nur sporadisch ins Ausland fahren, werden sogenannte Einzelpolicen angeboten, die auf eine bei Abschluss festgelegte Reisedauer fixiert (Reise-Tagesanzahl) sind und mit Rückkehr aus dem Ausland enden. Üblich sind mittlerweile Jahres-Dauerpolicen. Hier ist allerdings die Reisedauer je Reise auf einen maximalen Zeitraum begrenzt. Bei den meisten Versicherern beträgt die Reisedauer für jede Reise pro Jahr 42 Tage, mitunter auch 62 Tage. Reist eine Familie in den Urlaub, ist es sinnvoll, eine Reisekrankenversicherung für die Familie im Paket abzuschließen, da dies in aller Regel mit Preisvorteilen verbunden ist. Hierbei zahlt man eine einmalige Prämie je Person oder einen sogenannten Familienbeitrag. Angebote für Jahrespolicen gibt es ab 6 Euro für Singles, eine Familie zahlt ab etwa 14 Euro. Der Versicherungsvertrag verlängert sich bei diesen Verträgen automatisch von Jahr zu Jahr. Dann gibt es noch Sondertarife für längere Reisen

Tritt während der Auslandsreise eine Behandlungsbedürftigkeit ein und ist eine Rückreise deshalb nicht möglich, gilt der Versicherungsschutz über das ursprüngliche Reiseende hinaus – aber auch nur zeitlich begrenzt. Dieser verlängerte Versicherungsschutz ist in den Versicherungsbedingungen geregelt und wird je nach Gesellschaft für Zeiten zwischen 28 Tagen bis in Ausnahmefällen von einem Jahr gewährt, teilweise bis zur Wiederherstellung der Transportfähigkeit.

Für Reisen, die über die maximale Reisedauer der Jahres-Dauerpolice hinausgehen, bietet die privaten Krankenversicherer Sondertarife an. Grundsätzlich sind alle Personen, die einen ständigen Wohnsitz in Deutschland haben, versicherbar.

Ausländische Mitbürger, vor allem Menschen mit Staatsbürgerschaften außerhalb der EU, sollten beim Abschluss einer Auslandsreisekrankenversicherung genau darauf achten, ob der Krankenversicherungsschutz auch für Besuche in Ihrem Heimatland oder nur für Reisen in andere Länder gilt.

Nicht immer Schutz für Senioren!

Viele Versicherer bieten ihre Deckung nur Urlaubern bis zu einem bestimmten Höchstalter, zum Beispiel 75 Jahre. Ältere Urlauber sollten nicht nur nach der Begrenzung des Versicherungsschutzes wegen des Lebensalters schauen, sondern auf die Ausführungen wegen möglicher Vorerkrankungen achten. Gerade bei älteren Menschen ist es wahrscheinlicher, dass behandlungsbedürftige Vorerkrankungen bestehen. Bei der Einschätzung möglicher Ausschlüsse in der Reisekrankenversicherung kommt es nicht auf die eigene Meinung, sondern auf die Beurteilung durch den Versicherer an. Die Beseitigung von Zweifeln ist also vor Antritt einer Reise angebracht. Liegen keine Altersgrenzen vor, so wird der Beitrag in der Regel ab einem bestimmten Alter teurer.

Kann sich ein gesetzlich Krankenversicherter aufgrund einer Vorerkrankung oder seines Lebensalters nicht mehr privat über eine Reisekrankenversicherung versichern, werden die Kosten einer Behandlung im Ausland bis zu der Höhe, in der sie im Inland entstanden wären, von der gesetzlichen Krankenkasse übernommen. Die Unmöglichkeit der Reisekrankenversicherung muss der Krankenkasse vor Antritt der Reise nachgewiesen werden, damit diese ihre mögliche Leistungsverpflichtung feststellen kann. Die Kostenübernahme ist auf höchstens sechs Wochen im Kalenderjahr begrenzt. Der nicht mehr über eine private Reisekrankenversicherung zu erhaltende Schutz ist so wenigstens einigermaßen zu kompensieren.
Ansonsten genießen alle Personen Versicherungsschutz, die im Versicherungsschein namentlich aufgeführt worden sind. Im Falle einer Transportunfähigkeit unterliegt der Versicherer für schwebende Krankheitsfälle einer Nachleistungspflicht. Der Schutz der Auslandsreisekrankenversicherung gilt weltweit, ab dem Zeitpunkt des Grenzübertritts, frühestens mit Zahlung des Erstbeitrages.

Wann leistet eine Auslandskrankenversicherung nicht?

Eine Auslandsreisekrankenversicherung tritt nur bei nicht vorhersehbaren Notfällen ein. Sie leistet nicht,

- wenn die Auslandsreise wegen einer ärztlichen Behandlung unternommen wird,
- wenn die Krankheit und die notwendige Behandlung auf Vorsatz, einer Drogen-, Alkoholabhängigkeit oder Sucht beruhen,
- wenn es sich um eine Behandlung geistiger und seelischer Störungen und Erkrankungen handelt,
- wenn die Krankheit und deren Folgen oder ein Unfall und dessen Folgen auf Kriegsereignissen, inneren Unruhen, Streik, Kernenergie oder Eingriffe von hoher Hand beruhen,
- wenn die Behandlung oder Unterbringung auf Pflegebedürftigkeit, Siechtum oder Verwahrung beruht,
- wenn das Maß der medizinischen Notwendigkeit überschritten wird,
- wenn es sich um Massagen, Bäder oder Packungen handelt,
- wenn die Dauer des Versicherungsschutzes überschritten wird.

Auch beim Zahnarzt im Ausland gibt es Einschränkungen: Es werden nur Kosten für schmerzstillende Behandlungen oder einfache Zahnfüllungen übernommen. Bei Zahnersatz zahlen einige Unternehmen auch einfache Reparaturen an Zahnprothesen. Kein Geld gibt es für Zahnkronen oder Zahnersatz.

Was tun im Versicherungsfall?

Bei kleineren Behandlungen können Sie die entstandenen Kosten auslegen und nach Rückkehr die gesammelten Originalbelege einreichen. Die Unterlagen sollten den Namen des Versicherten (Erkrankten), die Diagnose und die Behandlungsdaten sowie die Einzelleistungen der Therapie beinhalten. Bei Medikamentenbelegen müssen Preis und Quittungsvermerke ersichtlich sein.
Bei allen umfangreichen Untersuchungen oder Behandlungen, die voraussichtlich mit hohen Kosten verbunden sind, sollten Sie unbedingt vorher Rücksprache mit dem Versicherer halten. Dazu brauchen Sie die Versicherungsunterlagen, also Police, Telefon- und Faxnummer der Versicherungsgesellschaft, die Sie immer auf der Reise dabei haben sollten. Für einen Rücktransport ist (meistens) Voraussetzung, dass eine angemessene Behandlung vor Ort nicht möglich ist. Auch hier ist die Rücksprache mit dem Versicherungsunternehmen unumgänglich.
Bei größeren Kosten, die Sie nicht selbst vor Ort leisten können, zum Beispiel für Vorauszahlungen aufgrund eines stationären Aufenthaltes, kann es sinnvoll sein, sich mit der deutschen Botschaft beziehungsweise Auslandsvertretung in Verbindung zu setzen. Möglicherweise sind auch, je nach Diagnose und Rücksprache mit dem Versicherer, Kontozahlungen direkt an das Krankenhaus möglich.

Wann ist ein Rücktransport medizinisch notwendig?

Grundsätzlich entscheidet der im Ausland behandelnde Arzt, ob ein Rücktransport aus medizinischen Gründen angeraten ist. Einige Versicherer, wie der ADAC, setzen auch eigene Ärzte ein, die im Benehmen mit dem Auslandsarzt über einen Rücktransport entscheiden. Ein Rücktransport kann erforderlich sein, wenn im Ausland eine medizinische Unterversorgung besteht. Einige Versicherer setzen auch voraus, dass in Deutschland eine stationäre Behandlung unmittelbar anschließt und der Patient direkt aus dem Krankenhaus im Ausland nach Deutschland transportiert wird. Nach der Rechtsprechung zu Einzelfällen wurde ein Rücktransport auch als medizinisch notwendig erachtet, wenn infolge einer Krankheit

WISO Tipp

Nicht nur der ADAC, auch einige Versicherer verwenden »weichere« Formulierungen in den Bedingungen wie »medizinisch sinnvoll«. Das vergrößert die Chancen, einen Rücktransport bezahlt zu bekommen. Erkundigen Sie sich danach, bevor Sie eine Police abschließen.

oder eines Unfalls beim Patienten eine Hilflosigkeit (Verwirrung, Verlust von Ort und Zeit) eintritt und Kontakte zu Angehörigen im Ausland fehlen. Der BGH unterstellte als allgemein bekannt, dass derartige Kontakte und Besuchsmöglichkeiten von Angehörigen neben der medizinischen Versorgung von erheblicher Bedeutung sind, und verurteilte eine Versicherungsgesellschaft zur Übernahme der Kosten.

Jeder Versicherte hat bei Eintritt eines Versicherungsfalls eine Schadensminderungspflicht. Das heißt, es muss die kostengünstigste Möglichkeit des Rücktransports, die auch medizinisch vertretbar ist, gewählt werden. Einige Versicherer erstatten auch nur die anfallenden Mehrkosten gegenüber den regulären Rücktransportkosten. Alle Versicherungsgesellschaften beschränken die Dauer des Versicherungsschutzes von vornherein auf die Dauer der Reise und darüber hinaus auf Maximalzeiten für eine Reise. Tritt während der Auslandsreise eine Behandlungsbedürftigkeit ein und ist eine Rückreise deshalb nicht möglich, gilt der Versicherungsschutz über das ursprüngliche Reiseende hinaus – aber auch nur zeitlich begrenzt. Dieser verlängerte Versicherungsschutz ist in den Versicherungsbedingungen geregelt und wird je nach Gesellschaft für Zeiten zwischen 28 Tagen bis in Ausnahmefällen von einem Jahr gewährt, teilweise bis zur Wiederherstellung der Transportfähigkeit.

Kündigung einer Auslandskrankenversicherung

Einzelreisepolicen und Sondertarife enden – ohne dass eine besondere Kündigung erforderlich ist – automatisch bei der Reiserückkehr. Dagegen haben Jahres-Dauerpolicen üblicherweise eine Mindestlaufzeit von einem Jahr und können unter Beachtung einer Kündigungsfrist von drei Monaten zum Ende des Versicherungsjahres schriftlich gekündigt werden. Die Kündigung kann auch auf einzelne versicherte Personen beschränkt werden. Ansonsten verlängert sich die Police ganz automatisch von Jahr zu Jahr.

Unabhängig davon gilt für alle Vertragsarten: Der Vertrag endet bei Tod des Versicherungsnehmers (mit der Möglichkeit der Übernahme durch die versicherten Personen innerhalb von zwei Monaten nach Tod des bisherigen Versicherungsnehmers). Der Vertrag endet ebenfalls mit Wegzug des Versicherungsnehmers beziehungsweise der versicherten Person aus dem Tätigkeitsgebiet des Versicherers.

Reiserücktrittsversicherung

Nicht so notwendig wie eine Auslandskrankenversicherung, doch sinnvoll. Sie zahlt, wenn Sie die Reise aus bestimmten wichtigen Gründen absagen müssen und der Reiseveranstalter nicht oder nicht alle Reisekosten erstatten will. Diese Stornokosten sind gewöhnlich umso höher, je dichter vor dem Reiseantritt die Absage kommt. Besonders empfehlenswert ist der Abschluss bei teuren und/oder bei sehr früh gebuchten Reisen. Auch wenn Kinder oder oft kranke Menschen verreisen, sollte man über einen Abschluss nachdenken. Wichtige Gründe für den Versicherer können sein:

- Unfälle
- Plötzliche auftretende Krankheiten
- Tod oder Krankheit von Angehörigen
- Schwangerschaft einer Mitreisenden
- Wohnungsbrand
- Impfstoffunverträglichkeit

Manche Versicherer zahlen auch bei plötzlichem Verlust des Arbeitsplatzes beziehungsweise beim nicht vorhersehbaren Antritt eines neuen Arbeitsplatzes. Hier muss aber die Agentur für Arbeit die Reise zuvor genehmigt haben. Wenn jedoch der Arbeitgeber plötzlich eine Urlaubssperre anordnet, ist das gewöhnlich für die Versicherung kein Grund zu zahlen. Grundsätzlich sind alle Vorkommnisse nur dann versichert, wenn sie nach Abschluss der Versicherung passieren und nicht schon vorhersehbar waren.

Erdbeben nicht versichert

Viele Kunden glauben, dass sie auch gegen Krieg oder Erdbeben im Urlaubsort versichert sind und deshalb kostenlos von der Reise zurücktreten können. Das ist nicht so. Diese Ereignisse fallen untere »höhere Gewalt«, ebenso wie Feuer, Stürme oder auch Streiks. Hier müssen Betroffene auf Kulanz des Reiseveranstalters hoffen. Auch wenn jemand vorher wissen konnte, dass er eine bestimmte Impfung vielleicht nicht verträgt, ist die Versicherung aus dem Schneider.
Ein Reiserücktritt liegt nur dann vor, wenn die Reise noch nicht angetreten wurde. Wird die Reise selbst abgebrochen, können nur etwaige Mehrkosten geltend gemacht werden.

Kosten und Abschluss einer Rücktrittsversicherung

Sie ist nicht ganz so günstig wie der Auslandskrankenschutz. Etwas weniger zahlen Sie, wenn Sie einen Selbstbehalt vereinbaren. Bei Krankheit oder Schwangerschaft werden oft ohnehin nur 80 Prozent gezahlt. Die Kosten richten sich auch nach den Kosten der Reise. Wenn Sie eine Reise über 1500 Euro absichern wollen, zahlen Sie etwa 20 Euro, für eine Reise von 3000 Euro etwa 50 Euro Versicherungsbeitrag.
Sie sollten eine Rücktrittsversicherung immer zusammen mit einer Reisebuchung abschließen. Oftmals ist nur bis zu 14 Tage nach Reisebuchung der Abschluss der Versicherung möglich. Bei kurzfristigen Buchungen ist ein Abschluss bis 14 Tage vor Abreise möglich. Wenn weniger als 14 Tage vorher gebucht wird, ist der Abschluss ohnehin nur am Buchungstag möglich.

Was tun im Versicherungsfall?

Da Sie eine Schadensminderungspflicht haben, müssen Sie umgehend den Reiseveranstalter von Ihrem Reiseabbruch informieren und dann den Versicherer kontaktieren. Er will von Ihnen im Detail wissen, warum Sie die Reise nicht antreten können. Im Falle einer Erkrankung oder einer Schwangerschaft wird das ein ärztliches Attest sein.

Überflüssig: Reisegepäckversicherung

In den heutigen Gepäckversicherungen wird mehr ausgeschlossen als versichert. Wenn Sie nicht nachweisen können, dass Sie Ihren Koffer am Bahnhof, auf dem Flughafen oder an anderen öffentlichen Stellen nicht nur ständig im Auge hatten, sondern sogar festhielten, haben Sie kaum eine Chance, vom Versicherer bei Verlust oder Diebstahl Geld zu bekommen. Gepäckversicherungen sind daher nicht zu empfehlen. Besser ist es, von vornherein so wenig an wertvollen Gegenständen wie möglich mitzunehmen.
Was viele nicht wissen: Das Gepäck von Flugreisenden ist während des Hin- und Rückfluges durch die jeweilige Fluggesellschaft versichert. Allerdings erst dann, wenn es in die Obhut der Fluggesellschaft gelangt ist, also nicht schon in der Wartehalle. Und: Im verschlossenen Hotelzimmer sind Gepäckstücke und ihr Inhalt meist durch die eigene Hausratpolice versichert. Je nach Bedingungen besteht ein Schutz bis zu 10 Prozent der

Hausratversicherungssumme, höchstens jedoch 10 000 Euro. Bedingung: Die Reise hat nicht länger als drei Monate gedauert. Weiterer Vorteil: Die Hausratversicherung leistet Schadenersatz zum Neuwert, die Reisegepäckversicherung dagegen nur zum niedrigeren Zeitwert. Auch in diesem Fall lohnt sich die Reisegepäckversicherung nicht.
Auch sogenannte »Sorglos-Pakete« sollten Sie genau prüfen. Meistens enthalten sie: Auslandsreisekrankenversicherung, Reiserücktritts-, Haftpflicht-, Unfall- und Reisegepäckversicherung. Das hört sich gut an, doch wichtig sind allein die Auslandsreisekrankenversicherung und die Reiserücktrittsversicherung (siehe oben); Haftpflicht- und/oder Unfallversicherung haben Sie hoffentlich bereits als »normale«, weltweit gültige Policen und brauchen Sie daher nicht ein zweites Mal.

Pflege- und medizinische Zusatzversicherungen

Die gesetzliche Pflegeversicherung wurde 1995 eingeführt. Schon seit Bestehen deckt sie aber nur einen Teil der tatsächlichen Kosten. Ein Beispiel: Seit Beginn des Jahres 2012 zahlt die Pflegekasse 1550 Euro pro Monat für die häusliche Betreuung eines Pflegebedürftigen in Pflegestufe III. Das sind knapp 52 Euro pro Tag. Der tatsächliche Aufwand liegt aber bei mindestens fünf Stunden Betreuung täglich plus nächtliche Bereitschaft weit darüber, wenn auf Fachpersonal zurückgegriffen werden muss.
Auch wenn der Pflegepatient ins Heim muss, wird es teuer: Durchschnittlich 3300 Euro im Monat kostet der Heimplatz eines Schwerstpflegebedürftigen in Pflegestufe III. Die Pflegekasse zahlt aber im Höchstfall nur 1918 Euro. Die Differenz von knapp 1400 Euro pro Monat kommt im Zweifelsfall von Ihnen!
Private Pflegezusatzversicherungen können diese Lücke schließen. Damit versichert man das Risiko, dass man als Pflegefall selbst sehr tief in die Tasche greifen muss oder den Angehörigen zur Last fällt. Denn das Sozialamt kann sich einen Teil der Pflegekosten bei den Angehörigen wieder holen.
Pflegezusatzversicherungen gibt es heute in vier verschiedenen Versionen: als Pflegerentenversicherung, als selbstständige Pflegerentenversicherung, als Pflegekostenversicherung und als Pflegetagegeldversicherung.

Pflegerentenversicherung

Bei der Pflegerentenversicherung gibt es drei Möglichkeiten der Zahlung: als fest vereinbarte Rente bei Pflegebedürftigkeit, als Altersrente ab dem 80. oder 85. Lebensjahr oder – bei früherem Versterben – als Todesfallleistung an die Angehörigen. Das hört sich zunächst einmal gut an. Außerdem bieten Pflegerentenversicherungen die Möglichkeit, wie bei Lebensversicherungen bei finanziellen Beitragsengpässen die Zahlung auszusetzen oder den Vertrag anzupassen.

Allerdings: Wie bei der Lebensversicherung wird ein Ansparvorgang mit einem Todesfallschutz verknüpft, was die Sache meist zu teuer werden lässt. Besser ist es, nur das Risiko, zum Pflegefall zu werden, zu versichern. Den eingesparten Rest legt man besser selbst an.

Im Gegensatz zur zuvor genannten Pflegerentenversicherung fällt bei der selbstständigen Pflegerentenversicherung der Ansparvorgang weg und sie ist darum billiger. Sie zahlt eine festgelegte Rente bei Pflegebedürftigkeit – in voller Höhe allerdings erst ab Pflegestufe III. Nach Meinung des Bundes der Versicherten ist aber auch diese Lösung zu teuer.

Pflegekostenversicherung

Die Pflegekostenversicherung übernimmt, wie schon der Name sagt, Pflegekosten, die von der Pflegekasse nicht übernommen werden. Diese Kosten müssen Sie mit Rechnungen nachweisen. Aber nur bis zu einem bestimmten Prozentsatz und/oder Höchstbetrag. Vorteil: Damit ist die Erstattung unabhängig von Preissteigerungen. Beispiel: Die Kosten eines Heimplatzes für Ihren Vater betragen in der Pflegestufe II etwa 3000 Euro. Von der Pflegekasse werden für vollstationäre Pflege 1279 Euro gezahlt. Ihr Vater hat eine Pflegekostenversicherung mit 100 Prozent Auszahlung abgeschlossen. Damit würde sie ebenfalls 1279 Euro zahlen, macht zusammen 2558 Euro. Die Differenz, nämlich 442 Euro, müssten Sie selbst tragen. Gegen höhere Beiträge sind auch Versicherungen, die 150 oder 200 Prozent der Pflegekassensätze zahlen, abschließbar.

Pflegetagegeldversicherung

Die Pflegetagegeldversicherung zahlt einen vereinbarten Tagessatz, unabhängig von den tatsächlich entstandenen Kosten. Das hört sich einfach an, doch die Bedingungen der einzelnen Versicherer sind unterschiedlich.

Der volle Tagessatz wird erst ab Pflegestufe III gezahlt, in den Stufen I und II sind es Teilbeträge. In Pflegestufe I sollten es schon 30 Prozent sein, in Pflegestufe II 60 Prozent. Die werden jedoch von manchen Anbietern auf den vollen Satz aufgestockt, wenn Heimpflege erforderlich ist. Einige Versicherer binden die Zahlungen an den Einsatz von Pflegepersonal, andere zahlen auch, wenn man selbst zu Hause pflegt. Es lohnt sich also, das Kleingedruckte zu lesen! Denken Sie bei den Pflegetagegeldtarifen daran, dass die Kosten im Laufe der Jahre steigen werden. Hier könnte eine Dynamik, welche die Inflation berücksichtigt, ausnahmsweise einmal sinnvoll sein.

Was eine Pflegetagegeldversicherung kostet

Für eine Leistung von 50 Euro pro Tag in Pflegestufe III muss ein 65-jähriger Mann im Schnitt 100 Euro im Monat zahlen, eine 65-jährige Frau etwa 125 Euro. Wer früher einsteigt, zahlt weniger. Allerdings: Man sollte sicher sein, dass man die Beiträge auch über einen langen Zeitraum zahlen kann. Wer die Beiträge nicht mehr zahlen kann und vorzeitig aussteigt, hat umsonst gezahlt!

Das unabhängige Analysehaus Morgen & Morgen hat im April 2012 Pflegetagegeldversicherungen daraufhin untersucht, ob bei Demenz gezahlt wird. Ergebnis: Mehr als Hälfte der Anbieter (59 Prozent) leistet nicht. Und auch wenn geleistet werde, sei das zu wenig, so die Analysten. Am besten schnitt hier noch die Deutsche Familienversicherung ab. Besser sei es, bei den Pflegerentenanbietern mit Leistungen bei Demenz bestellt. Allerdings seien diese teurer.

Jeder zweite Deutsche fürchtet, später einmal pflegebedürftig zu werden. Also hat jeder Zweite eine Zusatzversicherung? Weit gefehlt: Nicht einmal 2 Prozent haben für diesen Fall privat vorgesorgt. Wenn man vorsorgen will, sollte man nicht zu lange mit dem Abschluss warten, denn es wird eine Gesundheitsprüfung verlangt. Zudem gibt es meist eine Wartezeit von drei Jahren, bis gezahlt wird.

Außerdem werden mit zunehmendem Alter die Zusatzversicherungen teurer, egal wie der Tarif ausgestaltet ist. Oder man wird gar nicht mehr angenommen, weil man zu alt ist.

An eine Pflegezusatzversicherung sollte man aber erst denken, wenn wichtige Versicherungen wie Privathaftpflicht oder auch eine Unfallversicherung unter Dach und Fach sind.

Zahnzusatzversicherung

Seit 2005 bekommen gesetzlich Versicherte nur noch einen festen Zuschuss für Zahnersatz. Die Höhe des Zuschusses richtet sich nach den Kosten, die für medizinisch notwendige Maßnahmen anfallen würden, egal was der Patient oder der Zahnarzt gerne hätte. Wer also statt der billigen Brücke lieber ein teures Implantat möchte, muss selbst tief in die Tasche greifen und zuzahlen.

Auch wenn der Patient keine Extras will, muss er sich mit 35 bis 50 Prozent an den Kosten beteiligen, je nachdem, wie oft er in den zehn Jahren zuvor beim Zahnarzt war. Das kann bei einer Brücke schon bis zu 300 Euro ausmachen, bei einem teuren Implantat sogar bis zu 3000 Euro!

Insofern kann eine Zahnzusatzversicherung durchaus sinnvoll sein. Da gibt es naturgemäß ein paar Hürden zu nehmen: Als Erstes wäre da die Wartezeit. Erst acht Monate nach Vertragsabschluss kann der Patient damit rechnen, dass er Zahnersatzkosten erstattet bekommt. Hinzu kommt eine Leistungsbegrenzung in den ersten drei bis sechs Jahren.

Ausgeschlossen sind aber Behandlungen, die der Zahnarzt bereits vor Vertragsabschluss begonnen oder auch nur empfohlen hat! Grundsätzlich gilt jedoch: Je älter der Kunde ist, desto teurer wird normalerweise der Tarif. Auch wenn das die Versicherungsunternehmen nicht gern sehen: Kunden haben das Recht, bei der gleichen Gesellschaft in einen günstigeren Tarif zu wechseln.

WISO Tipp

Die Zeitschrift *Finanztest* hat im Mai 2012 Zahnzusatztarife getestet. 33 von 147 Tarifen schnitten mit »sehr gut« ab. Aber: Bei manchen Versicherern gilt ein Höchsteintrittsalter, zum Teil schon ab 59 Jahre.

Stationäre Zusatzversicherung

Diese Versicherung zahlt das Ein- beziehungsweise Zweibettzimmer im Krankenhaus für gesetzlich Versicherte sowie Chefarztbehandlung. Allerdings ist der Abschluss für Neukunden über 65 Jahre oft nicht möglich.

Rechtsschutzversicherung

Die Rechtsschutzversicherung ist eine der beliebtesten Versicherungen in Deutschland. Gleichwohl: Existenzielle Risiken deckt die Police vermutlich in den seltensten Fällen ab. Und: Braucht die Generation 60plus eine Rechtsschutzversicherung?

Die Antwort ist: Jein. Wer schon eine hat, kann sie behalten. Wer keine hat, braucht sie eigentlich auch nicht mehr abzuschließen. Denn mit steigendem Alter sinkt die Wahrscheinlichkeit, in einen Rechtsstreit verwickelt zu werden, der von der Versicherung abgedeckt ist. Eine Ausnahme bildet der Verkehrsrechtsschutz. Aber: Nach wie vor sind wichtige Bereiche vom Versicherungsschutz ausgenommen:

- Erbrecht
- Baurecht
- Familienrecht

Sollten Ihre Eltern eine spezielle Senioren-Rechtsschutzversicherung abschließen? Etwa die Hälfte der deutschen Rechtsschutzversicherer bieten solche Policen an. Die Antwort ist auch hier: Jein. Diese speziellen Policen sind nichts anderes als reduzierte Rechtsschutzverträge. Zum Beispiel enthält ein solcher Vertrag keinen Arbeitsrechtsschutz oder auch keinen Fahrzeugrechtsschutz mehr. Wer für diese Bereiche keinen Rechtsschutz mehr braucht und mit einer neuen Versicherung Geld sparen kann, der sollte darüber nachdenken. Ansonsten: Nein.

Sterbegeldversicherung

Seit 2004 gibt es kein Sterbegeld mehr von den Krankenkassen und viele Senioren sorgen sich, dass ihre Kinder auf den Beerdigungskosten sitzen bleiben. In der Tat: Mit etwa 5000 Euro muss man für ein normales Begräbnis rechnen.

In diese Lücke stießen die Sterbegeldversicherungen. Doch leider sind sie mit hohen Kosten für Abschluss und Verwaltung belastet. Nicht selten werden für Senioren 40 Euro pro Monat fällig, um Kosten von 5000 Euro abzusichern. Zudem gibt es eine Wartezeit zwischen ein und drei Jahren, zuvor wird nur bei Unfalltod gezahlt.

Wer seine Nachkommen nicht mit den Kosten für die Beerdigung belasten will, sollte beizeiten selbst sparen, statt in eine Sterbegeldversicherung einzuzahlen. Möglich ist es auch, zu Lebzeiten einen Vertrag direkt mit einem Bestatter über die eigene Beerdigung zu schließen, inklusive Bezahlung. Wer will, kann diesen Vertrag mit einer Sterbegeldversicherung kombinieren.

Ausbildungsversicherung für die Enkel

Das ist eine Lebensversicherung, die im Todesfall der Eltern beziehungsweise Großeltern die festgelegte Summe zahlt, im Erlebensfall die Garantiesumme plus ungesicherte Überschüsse. Der Vorteil ist auch hier, dass man sich nach Abschluss um nichts mehr kümmern muss. Gravierend sind aber die Nachteile: geringe Rendite, die noch geringer wird, wenn die Großeltern Einzahler sind, weil dann der Todesfallschutz teurer ist. Also eher nicht!

Staatliche Witwenrente

Eheleute genießen einen Grundschutz durch die gesetzliche Rentenversicherung – durch die sogenannte Witwenrente (steht auch Witwern zu). Sie wird geleistet, wenn der/die Verstorbene mindestens fünf Jahre lang gesetzlich versichert war und die oder der Hinterbliebene nicht wieder geheiratet hat. Auf die Wartezeit werden unter anderem Beitragszeiten, Kindererziehungszeiten oder auch Ersatzzeiten, wie zum Beispiel Kriegsgefangenschaft, angerechnet. Die Wartezeit gilt bereits als erfüllt, wenn der Tod des Ehegatten wegen eines Arbeitsunfalls oder während des Wehr- oder Zivildienstes eingetreten ist. Für Berufsanfänger gilt die Wartezeit ebenfalls als erfüllt. Als Berufsanfänger in diesem Sinne gelten alle Versicherten, die innerhalb der ersten sechs Jahre nach Ende der Ausbildung gestorben sind und innerhalb der letzten zwei Jahren ein Jahr Pflichtbeiträge geleistet haben.
Unterschieden wird zwischen der »großen« und der »kleinen« Witwenrente. Die große Witwenrente gibt es, wenn

- der Rentenempfänger das 45. Lebensjahr vollendet hat,
- ein waisenrentenberechtigtes Kind unter 18 Jahren erzogen wird,
- für ein behindertes Kind gesorgt werden muss oder
- die Witwe/der Witwer vermindert erwerbsfähig ist.

Die große Witwenrente beträgt nach dem alten Hinterbliebenenrecht (siehe unten) 60 Prozent der Rente wegen voller Erwerbsminderung des verstorbenen Ehegatten. Wer die oben genannten Voraussetzungen nicht erfüllt, hat aber immer noch Anspruch auf die »kleine Witwenrente«. Hier gibt es 25 Prozent der Rente wegen voller Erwerbsminderung des verstorbenen Ehegatten. Sie fallen unter das alte Hinterbliebenenrecht, wenn Sie vor dem 1. Januar 2002 geheiratet haben und der ältere Partner von Ihnen am 1. Januar 2002 bereits 40 Jahre alt war oder wenn Ihr Ehepartner vor dem 1. Januar 2002 verstorben ist.

Neues Hinterbliebenenrecht

2002 wurde ein neues Hinterbliebenenrecht eingeführt, das diejenigen Eheleute betrifft, die 1962 oder danach geboren sind und ab 2002 verheiratet sind. Hier wird zusätzlich verlangt, dass die Ehe mindestens ein Jahr bestanden haben muss. Die kleine Witwenrente wird auf zwei Jahre befristet, die große Witwenrente beträgt nur noch 55 statt 60 Prozent. Zum Ausgleich wird ein Zuschlag wegen Kindererziehung geleistet. Außerdem kann ein sogenanntes Rentensplitting durchgeführt werden, das zum Ausschluss der Witwenrente führen kann. Ab 2012 wird die für die große Witwenrente maßgebliche Altersgrenze des Rentenempfängers von 45 Jahren schrittweise bis zum Jahr 2029 auf 47 Jahre angehoben.

Private Rentenversicherung

Die WISO-Redaktion erreichten in den letzten Jahren immer wieder Briefe von Zuschauern mit nur einem Thema: Protest gegen immer weniger Monatsrente aus der abgeschlossenen privaten Rentenversicherung! Tenor: Damals hatte der Vertreter doch ganz andere Höhen versprochen und zunächst kamen sie ja auch! Schmerzlich, aber ganz legal! Denn die Privatrente besteht gewöhnlich aus einem garantierten Anteil und einem nicht garantierten aus der Überschussbeteiligung. Und eben dieser wurde nicht selten um 20 Prozent oder im Extremfall sogar ganz gekürzt.
Wer dennoch sicher ist, dass er übervorteilt wurde, sollte zu einem Fachanwalt gehen und die Berechnung überprüfen lassen. Der Vorgang zeigt überdeutlich, dass man vollmundigen Vertreterversprechungen gerade bei Versicherungen mit gesundem Misstrauen begegnen sollte.
Eine private Rentenversicherung ist ein reiner Sparvorgang beziehungsweise eine einmalige Kapitalanlage, an deren Ende die Auszahlung der »Versicherungssumme« plus einer möglichen Überschussbeteiligung steht. Das kann als monatliche Rente erfolgen oder – falls ein Kapitalwahlrecht vereinbart wurde – auch als Einmalzahlung.
Die private Rentenversicherung kann man auch – wenn sofort oder zu einem vereinbarten Zeitpunkt eine monatliche Rente gezahlt wird – als

Wette auf ein langes Leben ansehen. Denn je länger Sie leben, desto länger kassieren Sie. Bei frühem Tod dagegen haben Sie möglicherweise viel Geld ohne Gegenleistung eingezahlt.

Beitragsrückgewähr und Garantiezeit

Immerhin ist bei den meisten Unternehmen die sogenannte Beitragsrückgewähr üblich: Bei Tod vor Vertragsende werden die bis dahin eingezahlten Beiträge plus eventueller Überschüsse an die Erben ausgezahlt, bei Kündigung immerhin noch ein Teil. Erkundigen Sie sich, ob die Beitragsrückgewähr Vertragsbestandteil ist! Wer nichts hinterlassen will und dies dem Unternehmen mitteilt, bekommt im Gegenzug von der Gesellschaft üblicherweise eine höhere Rente ausgezahlt (Vertrag ohne Beitragsrückgewähr).
Für die Zeit der Rentenzahlung gibt es meist eine Garantiezeit, beispielsweise fünf oder zehn Jahre. Das heißt, für eine Reihe von Jahren wird die Rente in jedem Fall gezahlt. Ist der Rentenempfänger vorher verstorben, geht die garantierte Rente an die Erben. Allerdings kann der Kunde auf diese Garantiezeit auch verzichten. Das ist immer dann sinnvoll, wenn er keine Erben hat oder nichts vererben will. Durch die fehlende Garantie sollte sich natürlich seine Rente erhöhen. Das war in der Vergangenheit aber nicht immer der Fall. Fragen Sie danach! Wenn Sie Ihren Lebenspartner mitversichert haben, geht nach Vertragsende und nach Ihrem Tod die Rente auf den Lebenspartner über.

Aufgeschobene Rente und Sofortrente

Die gängige Police besteht aus zwei Phasen: aus der Aufschubphase, in der durch Beiträge Geld eingezahlt wird, sowie aus der Auszahlungs- oder Rentenbezugsphase. Der Kunde hat gewöhnlich ein Wahlrecht: entweder die Summe als monatliche Rente ausgezahlt zu bekommen oder als einmalige Kapitalabfindung. Meist muss er sich fünf Jahre vor Ablauf der Aufschubphase entscheiden, welche Auszahlung erfolgen soll. Damit wollen die Unternehmen verhindern, dass sich schwerkranke Kunden noch unmittelbar vor dem Auszahlungstermin für die (hohe) Einmalzahlung entscheiden, während nur die Gesunden die Rente wählen. Die Rentenzahlung erfolgt nämlich lebenslang, auch wenn sie schon längst die früher eingezahlten Beiträge übersteigt – eben eine Wette auf ein langes Leben.

Die Alternative zur aufgeschobenen Rente ist die Sofortrente: Hier gibt es keine Phase der Beitragszahlung, sondern es wird ein (größerer) Einmalbetrag eingezahlt. Die Rente erhält man dann entweder sofort oder ab einem vereinbarten Termin ausgezahlt. Hier wird die Rente ebenfalls lebenslang gezahlt, auch wenn es mehr sein sollte, als zu Beginn eingezahlt wurde. Achtung: Die Sofortpolice kann gewöhnlich nicht mehr gekündigt werden!
Meist wird eine Rentengarantiezeit vereinbart, zum Beispiel zehn Jahre. Denn sonst kann es passieren, dass zwar lange eingezahlt wurde, aber wenig herauskommt, wenn der Bezieher schon kurz nach Beginn der Zahlungen verstirbt. Die Rentengarantiezeit sichert die weitere Zahlung der Rente an einen vom Verstorbenen bestimmten Bezugsberechtigten – bis zum Ablauf dieser Zeitspanne. Statt der weiteren Rentenzahlung ist auch die Vereinbarung einer einmaligen Kapitalauszahlung möglich.

Hinterbliebenenrente

Wenn der Bezieher verstorben ist, gibt es nach Ablauf einer vereinbarten Garantiezeit nichts mehr. Um der Witwe dennoch einen gehobenen Lebensstandard zu sichern, ist in Anlehnung an die staatliche Hinterbliebenenrente die Vereinbarung einer lebenslangen Hinterbliebenenrente auch bei der privaten Rentenversicherung möglich. Meist wird ebenso wie bei der staatlichen Rente eine Zusatzversorgung von 60 Prozent der Bezieherrente gewählt. Sowohl Rentengarantiezeit als auch eine Hinterbliebenenrente verteuern allerdings den Vertrag.

Dynamische Rente

Im Gegensatz zur »normalen« beziehungsweise konstanten Rente gibt es auch noch die »dynamische« und »teildynamische« Rentenauszahlung. Bei der dynamischen Auszahlung steigt die Rente von Jahr zu Jahr um einen bestimmten Prozentsatz. Wie viel dabei herauskommt, ist allerdings nicht garantiert, nur die jeweils erreichte Rentenhöhe wird auch zukünftig ausgezahlt. Die Rentenhöhe ist im Gegensatz zur konstanten Rente in den ersten Auszahlungsjahren niedriger und steigt dann an.
Die teildynamische Rente kann man als Mischform von konstanter und dynamischer Rente bezeichnen. Auch bei der teildynamischen Rente ist die Steigerungsrate nicht garantiert, nur die jeweils erreichte Rentenhöhe wird auch zukünftig gezahlt.

Rentenlücke und Auszahlungshöhe

Mit der privaten Rentenversicherung wird heute vor allem auch deshalb erfolgreich geworben, weil die gesetzliche Rentenversicherung oft nicht mehr ausreicht, um den angestrebten Lebensstandard im Alter zu sichern. Die private Rentenversicherung soll die Lücke stopfen, die Vater Staat aufgerissen hat. Der Vorteil ist ihre bequeme Handhabung: Man überweist seine Monatsraten – oder wenn ein genügend großer Betrag aus früheren Ersparnissen, einer Erbschaft oder Abfindung vorhanden ist, auch eine Einmalzahlung – und braucht sich ab sofort um nichts mehr zu kümmern. Nach Ablauf der Police, meist ab dem 65. Lebensjahr, wird das Geld ausgezahlt. Mit vielen Versicherern kann man gegen eine Einmalzahlung auch eine sofort beginnende Rente vereinbaren.

Doch wie viel Geld wird ausgezahlt? Wie bei der Kapitallebensversicherung werben die Unternehmen – und ihre Vertreter – mit Renditen, die wegen des fehlenden Todesfallschutzes noch höher sein sollen als bei anderen Anlagen. Doch wie schon zu Beginn gesagt, ist das ist keinesfalls sicher. Dass versprochene Überschussbeteiligungen zurückgeschraubt werden, hat neben der Kapitalmarktkrise noch einen zweiten Grund: die steigende Lebenserwartung. Und da sie immer weiter ansteigt, hat die private Rentenversicherung immer aufs Neue ein Problem.

Denn was die Versicherten erfreut, bringt die Unternehmen in die Klemme. Längeres Leben heißt für die Unternehmen: länger Rente zahlen, als vor Jahren oder Jahrzehnten einkalkuliert. Die damals zugrunde gelegten sogenannten Sterbetafeln haben zum Zeitpunkt der Auszahlung keine Gültigkeit mehr. Die Folge: Immer wieder erleben Privatrentenempfänger, dass ihnen das Unternehmen lapidar mitteilt, die monatliche Auszahlung müsse aufgrund neuer Berechnungen gekürzt werden.

Mitunter trifft den Kunden diese Mitteilung sogar schon in der Phase der Beitragszahlung. Selbst Beitragszahler, die eine einmalige Auszahlung vereinbart haben, sind vor einer Kürzung nicht sicher. Sie werden Opfer der ungünstiger gewordenen Gesamtkalkulation der Gesellschaft.

Leider sind die Gesellschaften bis heute nicht verpflichtet, steigende Lebenserwartung oder den medizinischen Fortschritt in irgendeiner Form für Planrechnungen zu berücksichtigen. Erst die Veröffentlichung neuer Sterbetafeln zwingt die Unternehmen zu einer Reaktion – und stellt den Kunden vor vollendete Tatsachen. Kalkulieren Sie daher schon beim Abschluss einer privaten Rentenpolice eine mögliche Absenkung der prognostizierten Auszahlung mit ein!

Außerdem empfehlen sich aktuelle Testvergleiche in verschiedenen Zeitschriften, zum Beispiel *Capital*, *Finanztest* und andere. Lassen Sie sich von den Unternehmen, die in den Tests am besten abschneiden, unverbindliche Angebote schicken.

Private Krankenversicherung

In jüngeren Jahren ging es noch, doch nicht selten sind Rentner von der Beitragsexplosion ihrer privaten Krankenversicherung überfordert. Dem müssen sie aber nicht tatenlos zusehen. Folgende Möglichkeiten gibt es:
Wechsel in einen günstigeren Tarif des gleichen Versicherers. Das bieten die Gesellschaften von sich aus oft nicht an. Klar, denn damit verlieren sie hohe Beitragszahlungen in einem mittlerweile kostspieligen Tarif. Doch jeder Versicherte hat einen gesetzlichen Anspruch darauf. Vergleichen Sie nicht nur alte und neue Beiträge, sondern auch die Leistungen.
Für vor 2009 Versicherte gibt es auch noch die Möglichkeit, in den Standardtarif zu wechseln. Das kann den Beitrag günstiger gestalten, besonders wenn man zusätzlich noch einen Selbstbehalt vereinbart. Die Leistungen ähneln dann der gesetzlichen Kasse.
Für alle ab 2009 privat Versicherten gibt es die Möglichkeit, in den Basistarif zu wechseln. Der Höchstsatz beträgt allerdings abhängig vom Einkommen bis zu knapp 600 Euro im Monat (wie bei der gesetzlichen Kasse, Stand 2012), die Leistungen entsprechen ebenfalls der gesetzlichen Kasse. Es ist möglich, Selbstbehalte bis 1200 Euro abzuschließen und damit die Prämie zu senken.
Sie können Zusatzversicherungen kündigen, zum Beispiel die Krankentagegeldversicherung, und damit Beiträge sparen.

Fazit

Eigentlich brauchen Ihre Eltern nicht mehr allzu viele (freiwillige) Versicherungen. Notwendig sind in erster Linie die private Haftpflicht sowie weitere Haftpflichtpolicen je nach persönlicher Situation (wie zum Beispiel Tierhalter- oder Gewässerschadenhaftpflicht). Ebenso notwendig sind die Versicherungen, welche die Risiken rund um das Haus oder die Wohnung betreffen. Nachdenken könnten Ihre Eltern über eine spezielle Unfallversicherung, die Assistance-Leistungen zu einem fairen Preis anbietet. Oder auch über eine gute Zahnzusatzversicherung. Der Rest ist Geschmackssache.

Service: Seniorenprodukte

Für die Generation 65plus werden immer mehr spezielle Produkte angeboten. Wir haben ein paar davon unter die Lupe genommen: ob sie sinnvoll sind, welche etwas taugen und was sie kosten.

Seniorenhandys

Die ersten Handys, die speziell für Senioren auf den Markt kamen, waren noch recht klobig. Das ist vorbei und auch die Auswahl ist größer geworden. Allerdings: Auch der letzte Test der Stiftung Warentest zeigt: Es gibt noch Luft nach oben.

Testsieger (*test* März 2010) wurde mit dem einzigen »Gut« das »Doro Phone Easy 410gsm«. Preis: etwa 100 Euro. Es überzeugte die Tester mit einem guten, lesbaren Display sowie einer einfachen Menüführung. Es eigne sich sowohl für Menschen mit Seh- und Hörschwäche als auch für Menschen mit Motorikschwäche, so die Stiftung Warentest.

Die anderen der insgesamt 15 getesteten Handys wurden mit »befriedigend« oder »ausreichend« bewertet. Abstriche in der Benotung ergaben sich wegen schwer lesbarer Tastenbeschriftung, wegen einer komplizierten Menüführung oder der schlechten Gebrauchsanleitung. Zwölf der Handys haben auch die Möglichkeit, per sogenannter Notruftaste eine SMS an bis zu fünf zuvor abgespeicherte Empfänger zu senden. Nachteil: Die SMS muss vom Empfänger auch gelesen werden. Besser geeignet als ein solches Notrufsystem ist ein Hausnotruf (siehe Seite 51).

Alle Seniorenhandys verzichten auf »überflüssige« Extras wie eine Kamera, dafür sind bei allen die Ziffern größer und damit lesbarer. Fünf der Handys verfügen über ein Farbdisplay, bis auf eines kann man mit jedem SMS versenden.

Smartphones, zumeist mit Touch Screen, sind heute dabei, »normale« Handys vom Markt zu verdrängen. Doch für Senioren müssen sie wegen der Funktionsvielfalt nicht unbedingt die richtige Wahl sein. Aber auch hier sollte ein Test vor Ort im Geschäft entscheiden. Wer weiß – vielleicht sind Ihre Eltern begeistert davon, dass das neue Handy auch fotografieren kann oder die aktuellen Fußballergebnisse parat hat? Das sollte ein Seniorenhandy haben beziehungsweise können:

Wichtige Funktionen eines Seniorenhandys

- Wenn die Nutzer nur wenig telefonieren, besser eine Prepaid-Karte als eine oft zweijährige Vertragslaufzeit
- Mehrere Direktwahltasten für Notrufe
- Taste »5« ist hervorgehoben (für Sehbehinderte)
- Piepton bei Tastendruck (abschaltbar)
- Freisprecheinrichtung
- Piepton, wenn es aufgeladen werden muss
- Tastenbeleuchtung
- Großes, lesbares Display, große Tasten

- Klingeltöne können einzelnen Anrufern zugeordnet werden
- Für Hörhilfe geeignet
- Einfache Menüführung, zum Beispiel bei Telefonbuchbedienung
- Stoß- und Bruchfestigkeit (»Outdoorhandy«)
- Verständliche Gebrauchsanleitung sowie Kurzanleitung

Wussten Sie, dass es in der Erwachsenenbildung (zum Beispiel auf der Volkshochschule) mittlerweile Kurse gibt, um einen »Handy-Führerschein« zu erwerben? Für die Generation 65plus kein so schlechtes Angebot, meinen wir.

Festnetztelefon

Vieles von dem, was für das Handy gesagt wurde, gilt natürlich auch für das Haustelefon. Der wesentliche Unterschied ist hier, dass man zwischen schnurlosen und schnurgebundenen Geräten auswählen kann.
Wer nun denkt, dass schnurgebundene Geräte nur den Nachteil haben, dass man sich mit dem Kabel verheddert, der irrt: Es gibt mindestens zwei Vorteile: Schnurgebundene Telefone funktionieren in der Regel auch noch nach einem Stromausfall. Und: Man kann es nicht verlegen!
Der Vorteil eines schnurlosen Systems ist – neben der Mobilität – auch die Eigenschaft, dass man mit mehreren Mobilteilen in Funkreichweite untereinander kostenlos telefonieren kann.
Natürlich sollten bei einem Akkuwechsel oder bei einem Stromausfall die gespeicherten Daten nicht verloren gehen. Testen Sie das Lauthören und Freisprechen: Versteht Sie der Gesprächspartner am anderen Ende? Hier wie auch bei der Tonqualität gibt es große Unterschiede!

Unterhaltungselektronik (Audio/Video)

Die Unterhaltungselektronik ist wohl der Bereich, der sich in den letzten Jahren am schnellsten verändert hat und weiter verändert. Hier Tipps zu geben ist schwierig. Viele Senioren haben sich an eine Technologie gewöhnt und wollen sich nicht mehr umstellen. Gut so! Das funktioniert natürlich nur so lange, wie es zum Beispiel die VHS-Videokassetten samt Rekorder noch gibt. Ansonsten ist eine behutsame Heranführung an moderne Technologien unumgänglich.

Zeitgemäß sind heute Fernseher und Aufnahmegeräte, die hochauflösende Filme (HD) wiedergeben können. Sowohl hochwertige Fernseher, Receiver wie auch Blue-ray-Disk-Geräte (BD) haben heute die Möglichkeit, auf das Internet zuzugreifen. Und damit auf die »Mediatheken« von zum Beispiel ZDF und ARD und deren Angebot an Fernsehsendungen und Filmen der letzten Tage und Wochen.
Allerdings: Zwar sind die Aufnahmen qualitativ deutlich besser als früher zu Zeiten von VHS-Videokassetten. Doch einfacher ist das Aufnehmen von Filmen und Fernsehsendungen oft nicht. Hilfreich kann die elektronische Programminformation (EPG) sein, mit der sich Timer zur Steuerung der Aufzeichnung programmieren lassen. Damit ist auch zeitversetztes Sehen während der Aufnahme möglich. Mit sogenannten Twin-Receivern kann man zwei Sendungen gleichzeitig anschauen und aufnehmen. Praktisch ist die sogenannte Resume-Funktion: Das Gerät startet an der Stelle des Menüs, an der es ausgeschaltet wurde.
Auch hier gilt: Vorher ausprobieren! Beraten lassen! Sind die Tasten am Gerät und an der Fernbedienung lesbar und gut bedienbar?

Elektrorollstühle

Für Rollstuhlfahrer gibt es die Alternative Elektrorollstuhl. Dafür kann man 1500 Euro, aber auch 7500 Euro ausgeben. In jedem Fall wird die Krankenkasse keinen Elektrorollstuhl bezahlen – es sei denn, der Versicherte ist nicht mehr in der Lage, 500 Meter Distanz in zumutbarer Zeit zu bewältigen. So sah es das Landessozialgericht Nordrhein-Westfalen in einem Urteil vom 26. April 2010 (Aktenzeichen L 16 KR 45/09).
Gebrauchte Elektrorollstühle gibt es aber auch schon sehr viel günstiger. Bei Ebay sind solche Rollstühle schon für deutlich unter 1000 Euro zu haben.

Haushaltsgeräte für Senioren

Noch hält sich das Angebot in Grenzen, aber die wachsende Nachfrage wird zu entsprechenden Angeboten führen: normale Haushaltsgeräte, speziell für die Bedürfnisse von Senioren gemacht. Und das heißt ganz konkret: Größere Tasten, größere Beschriftung, weniger Funktionen, laute Signale. Zu hoffen ist, dass es bald mehr solche Produkte geben wird.

Staubsauger

Entscheidend ist für ältere Menschen das Gewicht. Können sie das Gerät zum Beispiel die Treppe rauf- und runtertragen? (Besser ist es natürlich, sofern möglich, zwei Geräte anzuschaffen – eines für oben, eines für unten.) Aber auch beim normalen Gebrauch ist das Gewicht nicht unwichtig. Außerdem sollten alle Bedienelemente groß sein. Beschriftungen wie Gebrauchsanleitung sollten gut lesbar und verständlich sein. Testen Sie: Wie lässt sich das Rohr beim Saugen auf verschiedenen Bodenbelägen führen, wie leicht das Gerät nachziehen? Passt sich die Düse automatisch an die Bodenbeläge an?

Teleskoprohre ermöglichen eine individuelle Anpassung an die Größe des Nutzers. Gut, wenn sich das Gerät ohne Bücken einstellen lässt – zum Beispiel durch Bedienelemente am Griff des Rohres. Und: Lässt sich das Rohr zum Aufbewahren platzsparend in einer Halterung einklinken?

Wichtig ist auch die Lautstärke des Geräts. Je leiser, desto weniger überhören Nutzer zum Beispiel das Telefon oder die Haustürklingel.

Die Stiftung Warentest hat im März 2012 zehn energiesparende Bodenstaubsauger zwischen 130 und 250 Euro getestet. Ergebnis: Testsieger wurde der »Miele S5381 EcoLine« (Preis etwa 250 Euro). Sechs Staubsauger bekamen die Gesamtnote »gut«.

Prüfen Sie, ob sich sogenannte Roboterstaubsauger lohnen. Sie sind teurer als normale Sauger, zudem kleiner, zumeist rund und akkubetrieben. Sie fahren die Flächen nach System ab, überprüfen aber die Reinigungsleistung nicht. Urteil der Stiftung Warentest im März 2012: Das System sei noch nicht ganz ausgereift. Es reiche zwar für Krümel auf hartem Untergrund, nicht aber für richtiges Entstauben von Teppichböden.

Bei einem kleinen Test der Zeitschrift *Focus* im Jahr 2011 mit drei Robotersaugern schnitt der »iRobot Roomba« (Preis etwa 530 Euro) am besten ab, gefolgt von »Ottoro S 100« und »Solac Ecogenic AA3400«.

Mikrowellengeräte

Die Stiftung Warentest fand schon vor Jahren heraus, dass Senioren Probleme mit der Bedienung von Mikrowellengeräten haben. Grund: Doppelbelegung von Tasten, überflüssige Programme und schlecht bedienbare Schalter. Der Test ergab, dass Drehschalter von Senioren besser bedient werden können als digitale Displays und Folientasten. Sinnvoll seien außerdem kontrastreiche Beschriftungen.

Dosenöffner und Co.

Für Jüngere meist kein Problem, doch Senioren können daran verzweifeln: Konservendosen öffnen. Weil man für einen normalen Dosenöffner schon ein wenig Kraft und gute Augen braucht! Beides ist aber bei vielen Senioren nicht mehr wie früher vorhanden. Doch bevor die Dose zubleiben muss, denken Sie über Alternativen nach.

Zum Beispiel ein elektrischer Öffner. Er spart die Kraft, ist allerdings teurer. Es gibt aber auch Dosenöffner, die von Hand bedient werden müssen, aber relativ leicht gehen. Sinnvoll sind solche, bei denen die Schneide nicht mit dem Doseninhalt in Berührung kommt, bei denen der Deckel nach dem Öffnen nicht in die Dose fallen kann und wo die Schneide keinen scharfen Rand hinterlässt. Auch hier gilt: Vor dem Kauf ausprobieren!

Im Handel gibt es weitere sinnvolle Haushaltshelfer – nicht speziell, aber gerade auch für Senioren geeignet. Zum Beispiel Öffner für Schraubverschlüsse an Gläsern, für Schraubverschlüsse an Flaschen, für Vakuumdeckel, für Zugringdosen, für Tetrapaks sowie Gemüseschäler oder spezielle Brotschneidebretter.

Die ausführlichen Kriterien finden Sie auch in einer Broschüre des Verbraucherschutzministeriums mit dem Titel *Nutzerfreundliche Produkte*, kostenlos herunterladbar unter www.bmelv.de.

Die Stiftung Warentest hat Haushaltshelfer zuletzt 2007 getestet unter dem Titel *Einfach öffnen, schälen, schneiden*. Getestet wurden 31 Küchenhelfer, darunter 20 Öffner, 6 Schäler, 3 Fixierbretter und 2 Brotmesser. Preise zwischen 1,70 Euro und 93 Euro, siehe unter www.test.de.

Fazit

Die Generation 65+ entwickelt sich zu einer immer größer werdenden Verbrauchergruppe. Deshalb ist absehbar, dass immer mehr Produkte auf diesen Personenkreis zugeschnitten sind. Grundsätzlich gilt: Vor dem Kauf sollten Ihre Eltern – soweit möglich – das Produkt selbst ausprobieren. Sodann sollte auch die Gebrauchsanleitung nur für dieses Gerät geschrieben sein. Die Schrift sollte ausreichend groß sein. Hilfreich sind mehrere Schaubilder sowie eine einfache Beschreibung ohne Fremdwörter.

Gerade im Bereich der Unterhaltungselektronik, insbesondere Computer und Video-/Musikanlagen, hat sich in den letzten Jahren sehr viel verändert. Gab es gestern noch VHS-Videokassetten, werden heute DVDs schon wieder abgelöst durch Festplatten oder Blue-ray-Disks. Oder kommt es noch anders? Man muss sicher nicht jede Entwicklung mitmachen. Gerade den Eltern ist es vielleicht ganz recht, bei einer Technologie zu bleiben, mit der sie zurechtkommen.

Erben und vererben

Niemand denkt gerne über den Tod nach. Weder über den von lieben Angehörigen noch über den eigenen. Dennoch kann es für Sie ein beruhigendes Gefühl sein, wenn Sie Ihre Angelegenheiten »geordnet« haben. Wenn Sie wissen, dass der Nachlass so geregelt ist, wie Sie und gegebenenfalls Ihr Partner es gerne hätten, kann man dem Lebensabend gelassener entgegenblicken.

Testament, Nachlass, Erbvertrag

Nach mir die Sintflut?

Manch einem mag es egal sein, was nach seinem Tod geschieht. Nach dem Motto: Nach mir die Sintflut. Doch wenn Sie eher zu den Menschen gehören, die gerne vorsorgen und mitbestimmen, was später mit ihrem Besitz geschehen soll, dann wollen wir Ihnen mit diesem letzten Kapitel ein paar grundsätzliche Ratschläge an die Hand geben.

Wir wollen einige Dinge ansprechen, die Sie zu Lebzeiten regeln können – und es nach Möglichkeit auch tun sollten. Im Grunde richtet sich dieses Kapitel an Menschen jeden Alters, ganz sicher aber im Besonderen an die ältere Generation. Wenn man gemeinsam, generationsübergreifend, über diese Dinge redet – umso besser.

Sie haben Ihr Leben lang gearbeitet und sind stolz auf das Erreichte? Möchten Sie dann nicht auch mitbestimmen, was nach Ihrem Tod damit geschieht?

Immer wieder führen nicht vorhandene Verfügungen oder unklare und nicht eindeutige Erklärungen von Erblassern dazu, dass die Erben vor Gericht streiten. Das ließe sich vermeiden, wenn jeder, der etwas zu vererben hat, zu Lebzeiten schriftlich festhielte, was er wem vermachen möchte.

Denken Sie nun aber nicht, dass es nur für vermögende Großgrundbesitzer sinnvoll ist, den letzten Willen schriftlich abzufassen. Es ist für ganz verschiedene Personengruppen zweckmäßig. Dringend empfehlenswert ist es vor allem, wenn Sie eine der folgenden Fragen mit Ja beantworten:

Wann man den letzten Willen schriftlich abfassen sollte
Sind Sie geschieden und haben Sie ein zweites Mal geheiratet?
Gibt es Kinder aus verschiedenen Ehen?
Hat Ihr neuer Partner ebenfalls Kinder mit in die neue Ehe gebracht?
Gibt es nicht eheliche Kinder?
Leben Sie in einer nicht ehelichen Lebensgemeinschaft?
Haben Sie ein größeres Vermögen, eventuell auch Immobilien im Ausland?
Soll ein Teil Ihres Vermögens an eine gemeinnützige Organisation gehen?
Altersvorsorge
Berufsaufwendungen

Handschriftliches Testament

Ein Testament zu verfassen erscheint Ihnen kompliziert? Es fällt Ihnen schwer, Formulierungen zu finden? Keine Sorge, das Ganze können Sie weit weniger formell gestalten, als Sie jetzt vielleicht denken.
Es gibt zwei Möglichkeiten, wie Sie Ihren letzten Willen zu Papier bringen können: Die häufigste und unkomplizierteste ist die handschriftliche. Dabei schreiben Sie den Text per Hand und setzen Unterschrift und Datum darunter. Letzteres ist ausschlaggebend, wenn Sie später vielleicht ein verändertes Testament aufsetzen, das alte jedoch nicht vernichten.
Einen Zeugen brauchen Sie hierfür nicht. Sollten Sie aber befürchten, dass ein enttäuschter Nachkomme Ihren Geisteszustand beim Verfassen des letzten Willens anzweifeln wird, können Sie dem Testament ein ärztliches Attest beifügen, in dem Ihnen Geschäftsfähigkeit attestiert wird.
Wichtig: Das Testament muss komplett eigenhändig mit der Hand geschrieben sein. Ein am Computer geschriebenes Testament, eine Kopie eines geschriebenen Textes oder auch eine Sprachaufnahme werden rechtlich nicht anerkannt.

Notarielles Testament

Die zweite Möglichkeit, ein Testament zu verfassen, ist der Gang zum Notar. Das bietet sich an, wenn Sie selbst nicht mehr in der Lage sind, überhaupt einen Stift zu führen oder auch nur leserlich zu schreiben. Empfehlenswert ist eine Fachberatung natürlich auch bei größeren Vermögen und weniger übersichtlichen Familienstrukturen.
Der Notar berechnet seine Arbeit je nach Größe Ihres Vermögens. Bei einem Nachlass im Wert von 50 000 Euro muss man mit Kosten in Höhe von etwa 200 Euro rechnen. Hier haben Sie den Vorteil, dass eventuelle Fehler bei der Abfassung rechtzeitig bemerkt werden. Für den Erben hat ein solches notariell verfasstes Testament den Vorteil, dass Banken und Versicherungen es als Erbnachweis anerkennen. Beim handschriftlichen Testament braucht der Erbe zusätzlich einen Erbschein. Den erhält man beim zuständigen Nachlassgericht.

Testament oder Erbvertrag?

Ein wenig verwirrend kann sie schon sein, die Sprache der Juristen. Und wenn man sich nicht auskennt, kommt es schon mal vor, dass man For-

mulierungen verwendet, die eigentlich etwas anderes bedeuten, als man selber meint; dass man Ausdrücke synonym verwendet, die eigentlich zwei unterschiedliche Bedeutungen haben. So beispielsweise Testament und Erbvertrag.
Der Unterschied ist jedoch einfach zu erklären: Während das Testament einseitig vom Erblasser erstellt wird, ist ein Erbvertrag – wie der Ausdruck Vertrag schon sagt – eine Angelegenheit zwischen zwei Parteien. Man geht einen Vertrag ein und beide unterschreiben, verpflichten sich zu dem, was der Vertrag inhaltlich vorschreibt. Insofern kann ein Testament jederzeit neu abgefasst werden, ohne dass die darin Bedachten etwas daran ändern können. Dagegen müssen bei der Erbvertragsänderung beide Seiten zustimmen, bevor etwas geändert wird. Ein Erbvertrag eignet sich vor allem, wenn es um Firmen geht, bei denen man eine Zersplitterung durch die Aufteilung nach dem Tod des Eigentümers befürchtet; denn im Erbvertrag können Unternehmensnachfolgen festgelegt werden.
Als Vermächtnis bezeichnet man es, wenn man jemandem gerne einen Gegenstand vermachen möchte, und zwar jemandem, der nicht zum Kreis der rechtlichen Erben gehört. Dies kann man ganz explizit in seinem Testament schreiben. Beispiel: »Die blaue Vase mit der Landschaftsmalerei, die auf meiner Fensterbank im Wohnzimmer steht, vermache ich meiner lieben Nachbarin, Frau Martha Erkens.« Mit dem Tod des Erblassers wird die Nachbarin zwar nicht unmittelbar Eigentümerin der ihr zugedachten Vase, doch die Erben müssen sie ihr geben.

Inhalt des Testaments

Kurz und eindeutig – das sind die wichtigsten Kriterien, die für Ihr Testament gelten sollten. Benennen Sie klar den oder die Erben, statt einzelne Gegenstände zu vermachen. Statt: »A bekommt mein Barvermögen, B das Auto und C die Uhren«, formulieren Sie eindeutiger: »Als Alleinerbe bestimme ich A. Er soll folgendes Vermächtnis erfüllen: B soll mein Auto erhalten, C die Uhrensammlung.«
Vermeiden Sie jegliche Unklarheiten. Benennen Sie die Personen, denen Sie Erbstücke zugedenken, beim vollen Namen. Bei Spitz- oder Kosenamen könnte es später schwer werden, sie den Personen zuzuordnen, die gemeint waren.
Wenn Sie bestimmte Gegenstände vererben, beschreiben Sie sie eindeutig. Statt »Den Ring soll Gabriele erhalten«, seien Sie präzise und schreiben beispielsweise: »Den Goldring mit dem blauen Stein …«

Musterbrief

Name
Adresse

Mein Testament

Zu meinen Erben setze ich meine beiden Kinder Matthias und Thomas ein.
Mein Freund Hermann Gärtner soll das Gemälde »Ostseestrand« aus dem Wohnzimmer erhalten.

Ort, Datum

Unterschrift

In den nächsten Jahrzehnten werden große Vermögen vererbt. Die meisten Häuser und sonstige Werte wechseln ohne eine letztwillige Verfügung des Erblassers ihren Eigentümer. Dies geschieht dann aufgrund des deutschen Erbrechts im gesetzlichen Rahmen. Die Miterben einer Erbengemeinschaft führen dann häufig jahrelang erbitterte Erbkriege, was den ehemaligen Besitz beträchtlich schmälern kann. Eine Einzelnutzung von Erbteilen ist in dieser Gesamthandsgemeinschaft nicht möglich und das birgt hohes Konfliktpotenzial.

Vererben von Immobilien

Sie wohnen in einem netten Häuschen am Stadtrand und wollen auch möglichst lange dort bleiben. Doch Sie ahnen, es kann schnell alles anders werden. Ihr Rücken plagt Sie ohnehin schon eine Weile, Ihr Partner müht sich mit einem Stock die Treppen hoch. Was, so fragen Sie sich, wird mal aus unserem Häuschen?
Ein ganz typischer Fall: Nicht selten kommt es gerade bei einem Haus später zu Streitigkeiten unter den Kindern beziehungsweise den Erben. Daher ist es wichtig, schon im Testament Klarheit zu schaffen: mit rechtssicheren Formulierungen.

Am häufigsten setzen sich Ehepartner gegenseitig als Erben ein. Damit sind Sie sicher, dass der, der den anderen überlebt, die nicht das Haus zugunsten der Kinder verlassen muss. In dem Fall erben die Kinder das Haus erst, wenn beide Ehepartner verstorben sind. Allerdings besteht die Gefahr, dass bereits beim Tod des ersten Ehepartners eines der Kinder seinen Pflichtteil fordert. Sie können daher bereits im Testament die Enterbung desjenigen vorsehen. Das bedeutet, das Kind erhält den Pflichtteil, ist aber später, nach dem Tod des zweiten Ehepartners, nun als Erbe ausgeschlossen. Wer also vorzeitig erben möchte, erhält somit ausschließlich seinen Pflichtteil. Der überlebende Ehepartner ist ein sogenannter Vorerbe.
Hier unterscheidet man eine befreite oder unbefreite Vorerbschaft. Was kompliziert klingt, ist recht einfach: Wenn sie den Vorerben ausdrücklich in dem gemeinschaftlichen Testament befreien, das heißt, die beiden Ehepartner befreien sich gegenseitig, können sie nach dem Tod des einen frei im Haus schalten und walten – im Rahmen der gesetzlichen Vorschriften. Die andere Variante ist ungleich unflexibler und gibt dem überlebenden Hauseigentümer nur wenig Gestaltungsspielraum: So können Sie beispielsweise verfügen, dass das Haus nicht verkauft oder mit Hypotheken belastet werden darf. Eine andere Auflage wäre, dass es nur an Verwandte veräußert oder auch nur vermietet werden darf.
Sie können in einem Testament auch ein Teilungsverbot aussprechen. Das bedeutet, dass die späteren Erben das Haus nicht unter sich aufteilen können, es also auch zu diesem Zweck nicht verkaufen dürfen. Ob das praktikabel ist, darüber lässt sich streiten. Allerdings können Sie es auch nicht komplett verhindern.
Dann nämlich nicht, wenn sich die Erbengemeinschaft (wenn alle Kinder beispielsweise zu gleichen Teilen erben sollen) einig ist und eben doch verkaufen will.

Aufbewahrung des Testaments

Wo Sie Ihr Testament aufbewahren, bleibt Ihnen überlassen. Ob im Nachttisch oder der Küchenschublade. Doch am sinnvollsten ist wohl ein Ort, an dem man es schnell und problemlos wiederfindet. Also legen Sie es vielleicht am besten in eine Mappe mit anderen wichtigen Unterlagen in Ihre Schreibtischschublade. Am besten teilen Sie auch einer Person Ihres Vertrauens mit, wo es sich befindet.
Sind Sie eher der misstrauische Typ? Wollen Sie ganz sichergehen, dass

es in die richtigen Hände gerät und nicht gar von einem unzufriedenen Verwandten vor der Testamentseröffnung vernichtet wird? Dann sollten Sie es bei einem Notar oder einem Nachlassgericht hinterlegen.
Neu ist seit dem 1. Januar 2012 das Zentrale Testamentsregister, das von der Bundesnotarkammer geführt wird. Bislang gab es ein weniger effizientes Karteikartensystem. Nun werden im Zentralen Testamentsregister alle hinterlegten Testamente elektronisch gespeichert und sind so auch leicht zu finden und zuzuordnen. Das war bislang schwieriger und langwieriger, wenn beispielsweise ein Notar aus dem Amt geschieden war.

Widerruf oder Ergänzung des Testaments

Sie sind ein gewissenhafter Mensch und haben Ihr Testament längst gemacht und gut verwahrt? Wenn Sie Ihr Testament schon frühzeitig abgefasst haben, ist es durchaus möglich, dass sich in Ihrem Leben oder in Ihrer Familiensituation noch so einiges verändert. Das wird entsprechend auch Ihren Nachlass betreffen. Haben Sie Ihr Testament handschriftlich erstellt und es zu Hause aufbewahrt, ist es ganz einfach. Vernichten Sie das alte und erstellen ein neues mit aktuellem Datum. Mehrere Testamente führen später nur zu Verwirrung und Streit.
Ein notariell aufgesetztes Testament können Sie zurücknehmen und ein neues, ergänztes oder verändertes hinterlegen. Oder Sie widerrufen das alte schriftlich. Das geht unkompliziert zu Hause oder beim Notar.

Musterbrief

Name
Adresse

Widerruf

Hiermit widerrufe ich mein Testament, das ich am 12. März 2002 aufgesetzt habe.

Ort, Datum

Unterschrift

Gemeinschaftliches Testament (Berliner Testament) .

Ein gemeinsamer Lebensweg führt auch oft zum Wunsch, ein gemeinsames Testament aufzusetzen. Ein sogenanntes gemeinschaftliches Testament kann von Ehepartnern oder eingetragenen Lebenspartnern erstellt werden. Das wird häufig gemacht. Zumeist setzten sich Ehepartner gegenseitig als Erben ein. Nachdem beide Ehepartner verstorben sind, sollen dann die Kinder erben. Für Form und Aufbewahrung gelten die gleichen Regeln wie für das Einzeltestament. Mit einer Ausnahme: Nur einer der Partner muss das Testament mit der Hand schreiben und unterschreiben. Vom zweiten Partner genügt dann lediglich die Unterschrift. Dass der Text so auch in seinem Sinne ist, kann, muss er aber nicht extra hinzufügen.

Musterbrief

Namen
Adresse

Unser Testament

Wir setzten uns gegenseitig als Alleinerben ein.
Erben des länger Lebenden sind unsere gemeinsamen Kinder, Dirk und Christian.

Ort, Datum

Unterschrift Partner 1
Unterschrift Partner 2

Ein solches gemeinschaftliches Testament zu widerrufen ist dann aufwendiger, wenn Sie es nicht gemeinsam tun. Sind Sie und Ihr Partner beide an einer Änderung des Testaments interessiert, können Sie schlicht gemeinsam ein neues abfassen. Will aber nur einer der Partner etwas ändern, so muss er oder sie nun zum Notar. Wichtig ist außerdem, dass diese Änderung dem Partner auch schriftlich zugeht. Sonst ist das Testament nämlich unwirksam.

Das Widerrufsrecht erlischt mit dem Tod eines Partners. Ist einer der Partner gestorben, bevor die Änderung in Kraft getreten ist, ist der überlebende Partner an das gemeinschaftliche Testament gebunden.

Auch durch eine Scheidung wird das gemeinschaftliche Testament unwirksam. Das gilt auch bereits zu dem Zeitpunkt, an dem Sie die Scheidung beantragt haben oder aber ihr zugestimmt haben.

Bei mehreren Kindern könnten Sie folgenden Zusatz unter dem gemeinschaftlichen Testament einbringen: »Für den Fall, dass eines unserer Kinder nach dem Tod des zuerst sterbenden Ehepartners seinen Pflichtteil verlangen sollte, soll es nach dem Tod des zuletzt Verstorbenen auch nur den Pflichtteil aus dessen Nachlass erhalten.«

WISO Tipp

Bei jeder Änderung der Lebenssituation – auch im Falle einer anstehenden Trennung – sollten Sie über Ihr Testament nachdenken. Überlegen Sie, ob Sie etwas ändern wollen, und suchen Sie für eine Änderung eventuell einen Notar auf.

Erbschaftsteuern und Freibeträge

Der Staat kassiert, wenn wir erben. In den letzten Jahren sogar mehr als zuvor. Nach Meinung von Experten liegt das aber nicht an der Erbrechtsreform aus dem Jahr 2010, sondern daran, dass einfach derzeit viel vererbt wird. Es ist die Generation der Nachkriegszeit, aus der Wirtschaftswunderzeit, in der viel gespart wurde. Umso mehr wurmt es viele, dass der Staat daran teilhaben soll.

Bevor Sie sich aufregen: Es gibt Freibeträge. Also eine Grenze, bis zu der keine Erbschaftsteuern anfallen. Und die sind gar nicht mal so niedrig. Eine halbe Million Euro darf zum Beispiel der Ehepartner erben – ganz ohne Abgaben. Erst danach müssen für den darüber hinaus geerbten Teil des Vermögens Steuern gezahlt werden. Bis zu einem Betrag von 75 000 (also nach Abzug des Freibetrags von 500 000 Euro) 7 Prozent.

Freibeträge	
Ehepartner	500 000 Euro
Kinder	400 000 Euro
Enkel	200 000 Euro
Andere Verwandte	20 000 Euro
Übrige Erben	20 000 Euro

Nach Abzug des Freibetrags zu versteuerndes Erbe in Euro	Ehe-/ Lebenspartner/ Kinder/	andere Verwandte	übrige Erben
bis 75 000	7%	15%	30%
bis 300 000	11%	20%	30%
bis 600 000	15%	25%	30%
bis 6 000 000	19%	30%	30%
bis 13 000 000	23%	35%	50%
bis 26 000 000	27%	40%	50%
über 26 000 000	30%	43%	50%

Zu den »anderen Verwandten« zählen: Geschwister, Nichten, Neffen, geschiedene Ehepartner, Schwiegereltern und Schwiegerkinder.

Steuertechnisch ist hier das sogenannte Berliner Testament ungünstig. Das heißt, wenn Sie mehr als die Freibeträge zu vererben haben. Das sogenannte »Berliner Testament« besagt, dass die Ehepartner sich zunächst gegenseitig als Alleinerben einsetzen. Die gemeinsamen Kinder erben, sobald der zweite Ehepartner verstorben ist. Das bedeutet, dass zunächst der überlebende Ehepartner Erbschaftsteuern zahlen muss und anschließend die Kinder aufs Neue zur Kasse gebeten werden. In diesem Fall kann es sinnvoll sein, mit »warmer Hand« zu schenken, also schon zu Lebzeiten.

Sie sollten in diesem Zusammenhang auch daran denken, dass nichteheliche und nicht eingetragene Lebenspartner der Erbschaftsteuer von bis zu 50 Prozent unterliegen.

Schenkungen

Die Schenkung ist quasi ein vorweggenommenes Erbe. Statt dass Ihre Kinder, oder eines davon, das Erbe bei Ihrem Tod antreten, bekommen sie beispielsweise das Haus oder die Wohnung schon vorher geschenkt. Warum macht man das? Und für wen ist es sinnvoll?

Oftmals sind steuerrechtliche Gründe ausschlaggebend. Die Schenkung führt zu einem Aufschub der Steuerpflicht. Sinnvoll ist die vorweggenom-

mene Erbfolge jedoch nur für Nachlässe, bei denen hohe Erbschaftsteuern anfallen. Nicht aber, wenn das Gesamtvermögen nicht höher ausfällt als die geltenden Freibeträge der Erben. Bis zur Höhe der jeweiligen Freibeträge wird ja ohnehin keine Erbschaftsteuer fällig.
Eine Schenkung aber will wohlüberlegt sein. Steuerliche Gründe allein sollten nicht dafür ausschlaggebend sein, dass Sie Ihr Haus verschenken. Im Vordergrund sollte zuerst die Überlegung stehen, wie Sie fürs Alter abgesichert sind. Haben Sie genug Reserve, um sich später keine Sorgen um Pflegekosten zu machen? Machen Sie sich zunächst ein ausreichendes Bild von Ihrem Vermögen.
Schenken bis zum Freibetrag kann man alle zehn Jahre, ohne Steuern an den Staat zu zahlen. Wer also viel zu verschenken hat, sollte dies über mehrere Jahrzehnte verteilen.

WISO Tipp

Es mag pessimistisch klingen und keiner will es hören, aber eine Schenkung sollte nicht dazu dienen (und sie tut es in der Regel auch nicht), um das Verhältnis zwischen Eltern und Kindern zu stabilisieren. Übereilen Sie also nichts!

Rückforderungsvorbehalt

Diese Klausel hat nichts mit Misstrauen zu tun. Es ist eine schlichte Absicherung, denn niemand weiß, wie sich manche Dinge entwickeln. Wie Sie bereits aus den vorhergehenden Kapiteln wissen, sind Pflegekosten weitaus höher als das, was die Pflegekassen für Sie zahlen. Wenn die Schenkung nicht ausreichend vertraglich mit Einschränkungen versehen ist, könnten Ihre Kinder die Immobilie auch verkaufen. Im Schuldenfall könnte die Immobilie sogar zwangsversteigert werden. Daher vereinbaren Sie unbedingt einen Rückforderungsvorbehalt und lassen diesen auch im Grundbuch eintragen.

Nießbrauchrecht

Nießbrauch bedeutet, dass Sie beispielsweise Ihr Haus schon zu Lebzeiten auf Ihren Sohn oder Ihre Tochter übertragen, Sie selbst aber weiterhin darin wohnen bleiben. Ein lebenslanges Wohnrecht also. Dieses muss immer von einem Notar beurkundet werden und wird auch im Grundbuch eingetragen. Es endet mit dem Tod des Nießbrauchers.
Da zumeist ja nur eines von mehreren Kinder das Haus oder die Wohnung bewohnen kann, stellt sich die Frage, wie die anderen Kinder abgefunden werden können. Wenn eine Auszahlung auf ein Mal nicht möglich ist, kann auch eine Abzahlung auf Raten vereinbart werden.

Nießbrauch bedeutet auch, dass Sie das Haus oder die Wohnung nicht nur weiter bewohnen können, sie dürfen sich auch dazu entscheiden, sie zu vermieten. Das unterscheidet das Nießbrauchrecht vom reinen Wohnrecht.
Das Wohnrecht gewährt einem – wie der Begriff schon sagt – nur das Recht dort zu wohnen, nicht aber einen wirtschaftlichen Nutzen aus der Immobilie zu ziehen. Experten raten daher dazu, sich für den Nießbrauch zu entscheiden.

Vererben an eine Stiftung

Stiftungen haben in Ländern wie den USA eine weitaus längere Tradition als bei uns. Der Grund: Dort wird weniger Wohltätigkeit vom Staat erwartet als bei uns. Reiche Menschen in den USA haben seit jeher Museen finanziert oder Geld für Parkanlagen und Krankenhäuser gestiftet. Doch auch hierzulande erfreuen sich Stiftungen mehr und mehr der Beliebtheit. Zumindest seit 2002, als das Stiftungsgesetz eine Novellierung erfuhr. Seitdem sind Stiftungen vor allem auch als Weg beliebt, um den Nachlass so zu regeln, dass keine Erbschaftsteuern anfallen.
Wohlgemerkt, eine Stiftung kann, muss aber nicht steuerbegünstigt sein. Wichtig ist der Zweck der Stiftung. Mildtätige, kulturelle und wissenschaftliche oder kirchliche Zwecke gelten meist als förderungswürdig und sind somit steuerbegünstigt.
Die Anerkennung einer Stiftung durch den Staat unterliegt dem jeweiligen Bundesland. Hier müssen Sie eine Errichtungsurkunde beantragen und ein Verzeichnis Ihres Vermögens vorlegen. Je nachdem wird eine Mindestzuwendung verlangt, um sicherzustellen, dass der Stiftungszweck auch erreicht werden kann.

Erben und vererben in der EU

Wir sind mobil geworden und flexibel. Ruhestand hieß noch vor ein paar Jahrzehnten tatsächlich eher »sich zur Ruhe setzen«. Man erholte sich von der lebenslangen Arbeit – am selben Ort, an dem man auch sein Arbeitsleben verbracht hat. Heute gibt es immer mehr Rentner, die es in die Ferne zieht – ob zum Überwintern auf Mallorca oder gleich zum Umziehen ins Häuschen in der Provence.

Die EU-Kommission hat berechnet, dass rund 12,3 Millionen Europäer in einem anderen EU-Land als ihrem Heimatland leben – und sterben. 450 000 internationale Erbrechtsfälle fallen jedes Jahr in der Europäischen Union an. Es geht dabei um nicht weniger als geschätzte 120 Milliarden Euro. Das führt zwangsläufig zu Komplikationen aufgrund unterschiedlicher und komplexer Rechtsvorschriften bei Erbfällen.
Welches Gericht ist zuständig, wenn der Verstorbene einen deutschen Pass und ein Haus in Spanien besitzt? Gilt das deutsche oder das spanische Erbrecht? Wie sieht es aus, wenn ein Deutscher verstirbt, der mit einer Griechin verheiratet war? Wessen Erbrecht gilt in diesem Fall? Und welches Recht ist zuständig, wenn ein spanisch-deutsches Paar in Portugal lebt? Auch Bankkonten, die man in anderen Ländern besitzt, können dann Fragen aufwerfen. Die Erben stehen plötzlich vor Nachlassverfahren in verschiedenen Ländern. Das kostet bislang viel Zeit und natürlich auch Geld.
Leider können wir Ihnen hier noch keine Lösung dieser Probleme anbieten. Aber eine Aussicht für die Zukunft: Ab 2015 sollen neue Regeln gelten, die besagen, dass das Gericht und die Gesetze des Landes ausschlaggebend sind, in denen der Erblasser zuletzt seinen Lebensmittelpunkt und ordentlichen Wohnsitz hatte. Zugleich kann jeder vorab in seinem Testament verfügen, dass im Erbfall das Erbrecht seines Geburtslandes angewendet werden soll. Auch ein »Europäischer Erbschein« ist im Gespräch.
Doch bis die neuen Verordnungen gelten, bis zur Zustimmung des EU-Ministerrats wird noch ein wenig Zeit vergehen. Und bei Erbstreitigkeiten, von denen Nachlässe aus Großbritannien, Irland und Dänemark betroffen sind, bleibt es weiter schwierig: Diese drei Länder haben schon angekündigt, dass sie die neuen Regelungen vorerst nicht übernehmen wollen.

Ausschlagen eines Erbes

Das mag Ihnen zunächst vielleicht absurd vorkommen. Warum sollten Sie ein Erbe ausschlagen? Die schicke Villa am Stadtrand? Den flotten Flitzer in der Garage?
Doch es kann in manchen Fällen sogar höchst sinnvoll sein. Denn vielleicht ist das Haus mit Hypotheken belastet. Und möglicherweise ist auch der Wagen noch nicht abbezahlt. Tatsache ist: Nicht nur Vermögen wird

vererbt, sondern auch Schulden. Das eine kann nicht ohne das andere angenommen werden.

Sollten Sie sich also nicht sicher sein, erkundigen Sie sich zunächst. Sie haben sechs Wochen Zeit dazu. Diese Sechs-Wochen-Frist beginnt in dem Moment, in dem Sie Kenntnis von Ihrem Erbe erlangen.

Fazit

Viele winken beim Thema Testament gleich ab mit der Begründung »Ach, ich hab doch kaum was zu vererben« oder »Das wird sich dann schon irgendwie regeln«. Doch wenn es ums Erben geht, wird leider oft verbittert gekämpft, vor allem wenn der Nachlass nicht eindeutig geregelt ist. Laut einer Studie der Postbank wird um jeden sechsten Erbfall gestritten. Mancher Experte glaubt, dass dies weitaus öfter der Fall ist. In der heutigen Zeit sind Patchwork-Familien nichts Außergewöhnliches mehr. Und gerade hier lauern die Konflikte – es sei denn, der Erblasser hat rechtzeitig alles klar in schriftlicher Form festgehalten.

Anhang: Links, Literatur und Musterbriefe

Vorsorge für das Alter

Hilfe bei der Suche nach Betreuung bieten Sozialstationen von

AWO Arbeiterwohlfahrt Bundesverband e.V.
Heinrich-Albertz-Haus
Blücherstr. 62/63
10961 Berlin
Telefon: 030/26309-0
Mail: info@awo.org
Web: www.awo.org

AWO Sozialstation gGmbH (nur in NRW)
Steinfelderstraße 15
42781 Haan
Geschäftsführerin: Manja Sunkel
Telefon: 02129/ 5567813
Mail: gf@awo-sozialstation-ggmbh.de
Web: www.awo-sozialstation-ggmbh.de

Deutscher Caritasverband e. V.
Karlstraße 40
79104 Freiburg
Deutschland
Telefon: 0761/200-0
Mail: info@caritas.de
Web: www.caritas.de

Der Paritätische Wohlfahrtsverband
Oranienburger Str. 13–14
10178 Berlin
Telefon 030/24636-0
Web: www.paritaet.org
www.der-paritaetische.de

Deutsches Rotes Kreuz
Generalsekretariat
Carstennstr. 58
12205 Berlin
Telefon: 030/85404-0
Mail: drk@drk.de
Web: www.drk.de

Diakonisches Werk der Evangelischen Kirche in Deutschland e.V.
Stafflenbergstraße 76
70184 Stuttgart
Telefon: (0711) 2159-0
Mail: diakonie@diakonie.de
Web: www.diakonie.de

Zentralwohlfahrtsstelle der Juden in Deutschland e.V.
Hebelstrasse 6
60318 Frankfurt am Main
Telefon: 069/944371-0
Mail: zentrale@zwst.org
Web: www.zwst.org

Bundesministerium der Justiz: www.bmj.de
Hier können Sie Formulare zur Vorsorgevollmacht, Betreuungsverfügung und Kontovollmacht sowie weitere Infobroschüren herunterladen.

Zentrales Vorsorgeregister der Bundesnotarkammer:
www.vorsorgeregister.de
Hier können Patientenverfügungen et cetera gespeichert werden.

Deutscher Hospiz- und PalliativVerband e.V. (bisherige BAG Hospiz)
Mail: dhpv@hospiz.net
Web: www.dhpv.de

Deutsche Gesellschaft für Palliativmedizin e.V. (DGP)
Mail: dgp@dgpalliativmedizin.de
Web: www.dgpalliativmedizin.de

Deutsche Gesellschaft zum Studium des Schmerzes e.V. (DGSS)
Mail: info@dgss.org
Web: www.dgss.org

eigenes leben – Hilfen für Kinder mit Schmerzen oder lebensverkürzenden Erkrankungen e.V.
Mail: eigenes-leben@web.de
Web: www.eigenes-leben-ev.de

Deutsche Krebshilfe e.V.
Mail: deutsche@krebshilfe.de
Web: www.krebshilfe.de

Dignitas
Postfach 9
CH-8127 Forch
Telefon: +41-43-3661070
Mail: dignitas@dignitas.ch
Web: www.dignitas.ch

Dignitas Deutschland e.V.
(Dignitate)
Schmiedestrasse 39
30159 Hannover
Telefon: 0511-336-2344
Mail: dignitate@t-online.de
Web: www.dignitas.ch

Exit
Mühlezelgstrasse 45
CH 8047 Zürich
Telefon: +41-43-3433838
Mail: info@exit.ch
Web: www.exit.ch

Pflegen und gepflegt werden

Deutsche Alzheimer Gesellschaft e.V.
Selbsthilfe Demenz
Friedrichstr. 236
10969 Berlin
Tel.: 030-25 93 79 5-0
Fax: 030-25 93 79 5-29
Mail: info@deutsche-alzheimer.de
Web: www.deutsche-alzheimer.de/

Kuratorium Deutsche Altershilfe
Wilhelmine-Lübke-Stiftung e.V.
An der Pauluskirche 3
50677 Köln
Telefon: +49-221-93 18 47-0
Telefax: +49-221-93 18 47-6
Mail: info@kda.de
Web: www.kda.de/

Diakonisches Werk der Evangelischen Kirche in Deutschland e.V.
Stafflenbergstraße 76
70184 Stuttgart
Telefon: (0711) 21 59-0
Fax: (0711) 21 59-288
Mail: diakonie@diakonie.de
Web: www.diakonie.de

gesundheits-und-pflegeberatung.de/html/pflegestutzpunkte.html: Adressen aller Pflegestützpunkte in Deutschland

www.verbraucherzentrale.de/

www.Nullbarriere.de: eine kommerzielle Seite, auf der verschiedene Anbieter Lösungen und Infos zum barrierefreien Bauen vorstellen. Außerdem gibt es Infos zum Beispiel zu speziellen Duschsystemen und Hubbadewannen für Behinderte.

www.familien-wegweiser.de: Vom Bundesministerium für Familien, Senioren, Frauen und Jugend

Literaturempfehlung
Helga Käsler-Heide: *Wenn Eltern älter werden*, Beltz 2009. Hier wird das Thema vor allem aus psychologischer Sicht behandelt.
Anonymus: *Wohin mit Vater?,* S. Fischer 2007. Bericht über den selbst erlebten Pflegenotstand.

Versicherungen für Senioren

Bund der Versicherten e.V.
Postfach 11 53
24547 Henstedt-Ulzburg
Telefon: 04193/94222
Telefon: 04193/990v40 (Speziell für Mitglieder)
Mail: info@bundderversicherten.de
Web: www.bundderversicherten.de

Bundesverband der Verbraucherzentralen und Verbraucherverbände – Verbraucherzentrale Bundesverband e.V. (vzbv)
Markgrafenstraße 66
10969 Berlin
Tel.: 030/25800-0
Mail: info@vzbv.de
Web: www.vzbv.de

Seniorenprodukte

Haushaltsgeräte für Senioren: Die ausführlichen Kriterien finden Sie auch in einer Broschüre des Verbraucherschutzministeriums mit dem Titel »Nutzerfreundliche Produkte«, kostenlos herunterladbar von der Website des Ministeriums: www.bmelv.de

Weitere nützliche Links für Senioren und deren Angehörige

Seniorennet möchte Senioren dem Umgang mit neuen Medien, so zum Beispiel Computern, erleichtern beziehungsweise ermöglichen: www.seniorennet.de.

Bundesarbeitsgemeinschaft der Senioren: www.bagso.de
Bundesministerium für Ernährung, Landwirtschaft und Verbraucherschutz (Suchwort: Senioren): www.bmelv.de

Deutsches Zentrum für Altersfragen (Forschungsinstitut): www.dza.de

Senioren-Initiativen: hier sind über 1200 Initiativen, Gruppen und Einrichtungen aufgelistet, in denen sich Senioren engagieren: www.senioren.initiativen.de

Musterbriefe

Wenn Sie mit der MDK-Einstufung nicht einverstanden sind:

Name
Absender

An die Pflegekasse NN

Widerspruch gegen den Bescheid vom (Datum)

Sehr geehrte Damen und Herren,

gegen Ihren Bescheid vom (Datum) erhebe ich Widerspruch.
Mit der Einstufung in die Pflegestufe x/Mit der Ablehnung der Pflegebedürftigkeit bin ich nicht einverstanden.
Die Begründung dafür reiche ich nach.

Mit freundlichen Grüßen
xxx

Wenn Sie Ihr bereits verfasstes Testament widerrufen oder ergänzen möchten:

Name
Adresse

Widerruf

Hiermit widerrufe ich mein Testament, das ich am 12. März 2002 aufgesetzt habe.

Ort, Datum

Unterschrift
xxx

Wenn Sie ein gemeinschaftliches Testament (Berliner Testament) aufsetzen möchten:

Namen
Adresse

Unser Testament

Wir setzten uns gegenseitig als Alleinerben ein. Erben des länger Lebenden sind unsere gemeinsamen Kinder, Dirk und Christian.

Ort, Datum

Unterschrift Partner 1
Unterschrift Partner 2

Register